U0511905

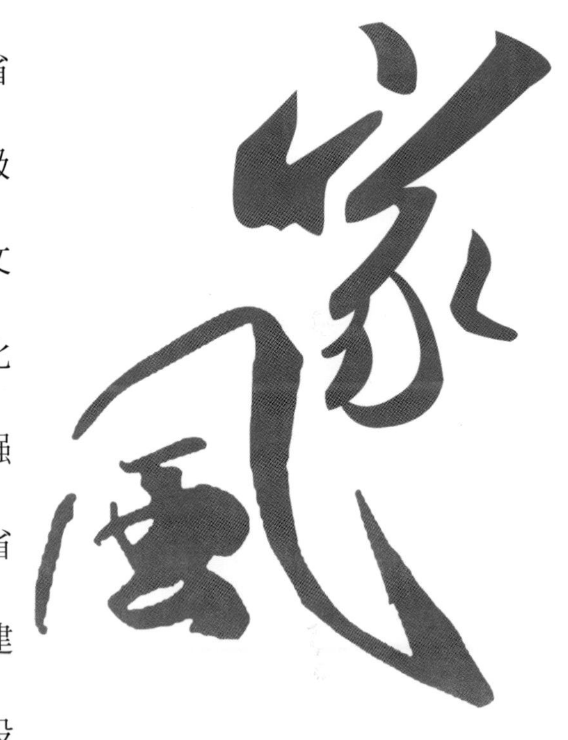

安徽省省级文化强省建设专项资金项目

中华精神的传家宝

甘政权 刘西诺 编著

全国百佳图书出版单位
时代出版传媒股份有限公司
安徽人民出版社

图书在版编目(CIP)数据

家风——中华精神的传家宝/甘政权,刘西诺编著.—合肥:安徽人民出版社, 2017.9

ISBN 978-7-212-09884-1

Ⅰ.①家… Ⅱ.①甘…②刘… Ⅲ.①家庭道德—中国—通俗读物 Ⅳ.①B823.1-49

中国版本图书馆 CIP 数据核字(2017)第 236337 号

家风——中华精神的传家宝

甘政权 刘西诺 编著

出 版 人:徐 敏　　选题策划:刘 哲
责任编辑:任 济 王大丽　　装帧设计:陈 耀
责任印制:董 亮

出版发行:时代出版传媒股份有限公司 http://www.press-mart.com
安徽人民出版社 http://www.ahpeople.com
地 址:合肥市政务文化新区翡翠路 1118 号出版传媒广场八楼 邮编:230071
电 话:0551-63533258 0551-63533292(传真)
印 制:合肥现代印务有限公司
(如发现印装质量问题,影响阅读,请与印刷厂商联系调换)

开本:710mm×1010mm 1/16 印张:11.25 字数:120 千
版次:2017 年 10 月第 1 版 2018 年 11 月第 3 次印刷

ISBN 978-7-212-09884-1 定价:30.00 元

序

钱念孙

我们每一个人都诞生并生活在一定家庭之中。每个家庭在世代繁衍和薪火相传的同时,都会或隐或显地积淀并形成某种价值观念和德行风尚,即人们通常所说的家风。

家风既包括有形部分,也蕴含无形部分。有形部分多半彰显在如家训、家规、家法、家谱、族谱、族规、家族祠堂,以及各种祭祖追宗仪式等方面;无形部分则主要凸显在长者的行为举止、言传身教,以及由此形成的家庭生活习惯和家族气质风貌等方面。

中华民族历来重视家风培育,不仅曾子杀猪、孟母断织、献之习书、岳云受罚等体现优良家风的佳话流传千古,而且作为家风重要组成部分的历代名人家训,向来洛阳纸贵,脍炙人口。从司马迁之父司马谈的《命子迁》,到诸葛亮的《诫子书》《诫外甥书》;从颜之推的《颜氏家训》,到唐太宗李世民的《诫吴王恪书》《诫皇属》;从司马光的《训子孙文》《居家杂议》,到朱柏庐的《朱子家训》、李毓秀的

《弟子规》，等等，无不传承久远、备受推崇。

家风培育与学校教育、单位教育、社会教育等颇为不同，其教育者与受教育者之间具有血缘亲情关系，且多半生活居住在一起。这使家风教育哪怕在耳提面命、灌输训斥的同时，也伴有浓郁亲情的关心、体贴和温暖，因而更易使受教育者受到感染。家风教育还在爷爷奶奶、父亲母亲的叮咛嘱咐，在日常生活言谈举止的细枝末节里进行，在耳濡目染、潜移默化中雕刻你的品行、塑造你的形象、提升你的人生境界，因而教育效果往往能产生更持久、更恒定的影响。

优良家风是中华优秀传统文化在家庭的沉淀和弘扬。它体现着中华优秀传统文化的思想精髓，彰显着我们民族精神的特质，是激励中华儿女历经坎坷、跋涉向前的重要精神力量。优良家风所传扬的修身、齐家、治国、平天下的理念，不仅是个人和家族成长兴旺的座右铭和传家宝，也是维系个人、家庭、社会、国家之间良好互动关系的基石。

俗话说，家是最小的国，国是千万个家。好的家风如春风化雨，润物无声，不仅会使每个家庭成员接受熏陶，提升品格和素质，还会在传播中不断扩大影响，由家庭走向学校、走向单位、走向社会，从而推动整个社会风气和道德水准的改善提高。优良家风既是我们今天加强思想道德和精神文明建设的宝贵资源，也是培育和践行社会主义核心价值观的有效途径。

《家风——中华精神的传家宝》一书从精忠爱国、清正廉洁、助人为乐、勤劳节俭、诚实守信、孝亲敬长、谦和礼让、励志勉学等八个方面，精选自古至今具有典范意义的著名家风故事，叙说由来，阐发意义，在给人丰富历史文化知识的同时，更为我们继承和传扬良好家风提供生动参照。该书对每一位传承和发展优良家风的名人，不仅讲述其嘉德懿行，还有人物简介及家教点评，精心选配的一些经典家训箴言和生动插图，既增加了全书的文化内涵，又提升可读性和观赏性。

相信此书的出版，对于广大读者从良好家风中汲取精神力量，在建设一个个文明家庭，传承优良家风的同时，必将为我们社会形成见贤思齐、崇德向善的时代风尚，发挥一定积极作用。谨以为序。

2017 年 9 月 16 日于书香苑

（作者为全国人大代表、安徽省人民政府参事、安徽省文艺评论家协会主席、安徽省社会科学院资深研究员）

目录

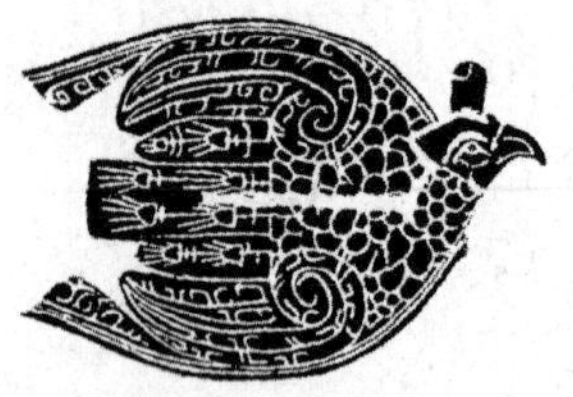

绪　论

一、什么是家风

家风又称门风，也称家庭文化，是指一个家庭或家族世代相传的道德准则和处世方法。家风作为一种文化现象，是中华民族传统价值观的重要组成部分，它具有传承性，其中一些内容或精神会随着社会生活的变迁而发生改变。下面先对“家”和“风”两个字做个解读。

“家”字是个兼具会意和象形的字。《说文解字》中的解释是：“居也。从宀，豭省声。”《现代汉语词典》中对“家”有10种解释：①家庭。②家庭的住所。③共同生活的眷属和他们所住的地方。④对别人称自己的尊长、亲属。⑤家里养的，不是野生的。⑥经营某种行业的人家或有某种身份的人家。⑦掌握某种专门学识或有丰富实践经验及从事某种专门活动的人。⑧学术流派。⑨量词，用于计算家庭或企业。⑩姓。从上述解释不难看出，家不仅仅是特定人群共同聚居的场所，更是一种最基本的社会组织。

再来看看“风”字。它是个形声字,《说文解字》中说:“从虫凡声”,这是因为“风”在古代被写作“風”。现代物理学上给“风”的定义是“空气的流动”,其特点为“柔柔地无声,悄悄地无形,吹过之后有一种凉丝丝的感觉”。它平时感觉不到,但又无时无刻不围绕在我们的身边,与阳光、水一样不可缺少。《庄子·齐物论》中南郭子綦曰:“夫大块噫气,其名为风。”意思说,那大地吐出的气,名字叫做风。南郭子綦不仅对风给出了界定,还对风做了一番形象的描述。古人经常用风做比喻,引申出感化、教化的意思。如成语“春风风人,夏雨雨人”。

家风就是家庭的“风”,它如同我们熟悉的校风、班风、学风一样,作为一种家庭内部的风范,就像风一样无处不在。长期生活在一个特定的家庭中,耳濡目染、潜移默化,定会受到家风的影响和熏陶,其成员言行举止、性格气质,必定带有这个家庭家风的特征,且自觉地朝着家庭所希望的方向发展。

我们评论一个人的行为举止时常说“家教甚好”或“缺乏家教”。俗话说“三岁看大,七岁看老”“江山易改,本性难移”,虽然有些夸大其词,但它强调了家庭教育的重要性。“父母是孩子的第一任老师”,作为社会细胞的家庭,家风的好坏,直接关系民风、社风的建设。好的家风会对良好社会风气的形成发挥积极作用;反之,它会污染社会风气。

二、家风演变历程

家风是一种综合的教育力量，它是思想、生活习惯、情感、态度、精神、情趣及其他心理因素的综合体。自古以来，中华民族都非常重视家风培养、建设和延续。

中国历史明确记载，早在西周建立之初，周公旦便将家风建设贯穿在日常生活中，用心教导侄子周成王和儿子伯禽；他本人在家风建设中处处注重以身作则，“一沐三握发，一饭三吐哺”就是这样的典故。春秋战国时期，出现了一批贤妻良母，例如退还百金的田稷子母、“断杼教子”的孟母等。

两汉至南北朝时期，先后实行“察举制”“九品中正制”等选官制度。这些制度要求被推荐、选拔者必须出身于具有良好家风的家庭，必须具备孝亲、廉正等优良品质。受这些选官要求的影响，一方面产生了许多道德楷模，如仗义疏财的疏广、以孝悌著称的马援等；另一方面出现了很多总结、弘扬家风、家教的文学作品，如《颜氏家训》。

宋代理学兴起，儒家学者更加倡导“修身、齐家、治国、平天下”的情怀。此后，涌现出了一大批家教的典范，例如，北宋司马光树立了节俭的家风；政治家包拯更是视家风为家族生死存亡的头等大事，其 51 个字的家训传诵千古。

步入近代，随着西方列强的入侵，西方文化对中国传统文化造成了巨大的冲击，一些先进的士大夫在坚守传统教育模式的同时，也逐渐引导子女接受西式教育。近代历史上“立德、立言、立功”的代表人物曾国藩便是这方面的典范，著名学者梁启超更是安排子女出国留学，个个成才。

到了当代，一大批无产阶级革命家身体力行，在精忠爱国、廉洁奉公、诚实守信等方面做了表率作用，如播撒理想、不事享乐的李大钊，廉政楷模周恩来等。同时，还有一大批科学家、文艺家、企业家也将爱国报国、引导子女励志等良好家风传承下去。

迈入21世纪，尤其是中共十八大以来，中共中央明确提出加强家风建设的要求；习近平总书记曾在多个场合强调家风建设的重要性，他说：“不论时代发生多大变化，我们都要重视家庭建设，注重家庭、注重家教、注重家风。”他尤其强调“领导干部要把家风建设摆在重要位置，廉洁修身、廉洁齐家”……

三、家风的现实意义

家风往往通过日常生活中的点点滴滴影响孩子的心灵，塑造孩子的人格。它是一种无言的教育、无字的典籍、无声的力量；更是一种基本的、直接的教育。它对孩子的影响是全方位的，孩子的世界观、人生观、道德素养及生活习惯等，每个方面都会打上家风的烙印。可以说，有什么样的家风，就有什么样的家庭和孩子。

自古以来，“家和万事兴”深深根植于中华民族的文化传统中。家风正，则民风淳；家风正，则政风清；家风正，则党风端。优良的家风引导人们自觉履行法定义务、社会责任、家庭责任，营造劳动光荣的社会氛围；培育知荣辱、讲正气、做奉献、促和谐的良好风尚；对国家的长治久安，社会的文明进步，发挥着巨大的促进作用。家风作为传承中华文明的微观载体，深深地影响着人们的心灵，对涵养社会主义核心价值观具有直接作用。

"家是最小国，国是千万家。"今天，我们建设社会主义先进文化，应继承和弘扬中华优秀传统文化。家风的形成，无关贫富，只关德行，它在一定程度上促进和影响着社会的风气。从家风看社会主义核心价值观，一个是具体行动，一个是精神层面，逐渐升华。家风是社会的产物，与时俱进，历史的变革，或早或迟，总会赋予家风新的意蕴，除旧布新。时下，引领崇德向善、奋发向上的时代风尚，顺理成章地成为家风的重要内涵。

建设优良的家风能够更好地发挥家庭教育的功能。长期以来，我们偏重于对青少年的学校教育，而学校教育又着重于学生的智育，使教育偏离了本义。重视家风教育，发挥家庭在培养人的文明素质、道德素质中的作用，可以弥补目前教育的偏差。中华民族向来重视家庭和家庭文化，二者对人的教育作用巨大。直至今天，每当我们说某某人素质差时，首先想到的是其家教不好。这是因为家教就是通过家风、家训、家范、家箴等方式来施行的，家风弱化了，人的文明素质的培养就会受到局限。

建设优良的家风能够提高国民的精神文明水平。精神文明的核心是道德教育，它包括社会公德、职业道德、家庭美德、个人品德。

常言道：国有国法，家有家规。人生活的场所有家庭、单位和公共领域，这些领域和场所都应该有规范，这样社会才会有良好秩序，才会和谐温馨。家风所孵育的良好素质会延伸到家庭外的社会生活，从而提升整个社会的文明程度。

建设优良的家风能够弘扬社会主义核心价值观。社会主义核心价值观彰显了国家、社会和公民层面的价值目标、取向和准则，是时代精神的集中体现，理应成为每一个家庭、每一个公民的价值追求。因此，习近平总书记多次强调“注重家庭、注重家教、注重家风，紧密结合培育和弘扬社会主义核心价值观，促进亲人相亲相爱，促进下一代健康成长，促进老年人老有所养，使千千万万个家庭成为国家发展、民族进步、社会和谐的重要基点”。

一 精忠爱国

在悠久的历史进程中，中华民族逐步凝结了对祖国深厚的爱国主义情感，形成精忠爱国的浩然正气和民族气节。在中国社会中，家—家乡—国家是直接贯通的，中国人具有强烈的依恋意识，总是把自己的国家称作"祖国"，因为它不仅是衣食之源，更是情感之源。爱国主义作为一种"千万年来巩固起来的对自己的祖国的一种深厚感情"，它是爱亲爱家情感的升华，由此形成一种捍卫民族尊严、维护祖国利益的崇高品德。

我国历史上曾出现过许多著名的爱国主义者和民族英雄，如"一饭三吐哺、一沐三握发"为国操劳的周公，尽忠报国的岳飞，热衷办学的陈嘉庚，心系祖国、关爱他人的黄炎培，三世英杰齐报国的钱氏祖孙等，他们都是从良好家风中延伸出爱国美德的杰出代表。

尽忠报国——岳飞
盡忠報國

周公吐哺　天下归心

周公姓姬名旦，亦称叔旦，周文王姬昌第四子。因采邑地在周(今陕西岐山北)，故称周公或周公旦。古代杰出的政治家、军事家和思想家。周公甘愿为国家奉献一切，奋发有为的精神深深地感染了身边的亲人，其良好的家风影响中华民族数千年，也是孔子最崇敬的古代圣人之一，被儒家尊为"元圣"。

周文王姬昌在位时，讲求"克明德慎罚"；勤于政事，重视发展农业生产；礼贤下士，招揽人才，被誉为一代明君。有这样一个好榜样，他的儿子们也都是千里挑一的人才。其中，周公姬旦品性忠厚仁爱，更胜其他兄弟一筹。

周武王姬发即位后，周公一心辅佐他处理政务。先是力助武王伐纣，建立周朝，后制作礼乐，致力于完善各方面典章制度，文武功勋不计其数。不久，周武王因病去世，其子姬诵即周成王继位。成王年幼，对朝中事务非常陌生，周公从社稷安危方面着想，决定代成王处理朝政，同时承担起训育成王的责任。

此时，周成王正是小孩子贪玩的年纪，往往偷懒不肯静下心来好好读书。可按照礼法，君臣有别，周公不能正面责罚他。于是，他让自己的儿子伯禽做成王的陪读，每当成王有过错时，周公就责罚伯禽。看到同行的伯禽因为自己受到严厉的处罚，成王愧疚不已，痛思己过，发誓摈弃一些恶习。自此，成王勤奋苦学，学业上进步很快。

有一天，周成王和弟弟叔虞在宫中玩耍。成王随手从地上捡起一片桐叶，剪成玉圭状递给叔虞："我封你做唐国的诸侯。"

史官将这件事告诉了周公。周公问成王："你要分封叔虞吗？"成王说："我那是闹着玩的。"

周公严肃地说："天子无戏言，这样下去，往后还会有谁拿您的话作数呢？"不久，成王正式封叔虞为唐国的诸侯。

周公担心成王成年以后会骄奢淫逸，便写了《多士》《毋逸》来训诫成王，教诲成王要像祖父周文王一样重用贤人，勤政爱民，远离骄奢之风气。

周成王年满 20 岁时，周公依礼还政于成王。此时，周政权已经非常稳固，周公遍封功臣，建立诸侯国。自己也受封于鲁国，但因他要留在都城继续辅佐成王，便让儿子伯禽代他到鲁国就封。

周公还忧虑伯禽当了鲁国国君后会骄逸自满，不够贤德。当伯禽临上任之时,他谆谆告诫道:“我是文王的儿子,武王的弟弟,当今天子的叔叔,你说我的地位怎么样?”

伯禽说:“那自然是很高的了。”

周公说:“对呀!我的地位确实很高,但是我每次洗头发的时候,一碰到急事,就马上停止洗发,把头发握在手里去办事;每次吃饭的时候,听说有人求见,我就把来不及咽下的饭菜吐出来,去接见那些求见的人。我这样做,还怕天下的人才不肯到我这儿来呢!你到了鲁国,不过是个国君,可不能骄傲啊!”

伯禽便向周公请教:“那该如何治理鲁国?采用什么方法有效?”

周公回答说:“你的任务是为民造福,而不能沾沾自喜,以显赫的身份自居。”

伯禽到鲁国后,牢记周公的教诲和嘱托,出色地完成了担负周室藩屏的任务,努力发展生产,教育人民遵守礼仪规范,寻访天下贤士。伯禽治理鲁国 46 年,鲁国的政治经济都出现了新局面,享有“礼义之邦”的美称。成王弟弟叔虞受封到唐国后,励精图治,带领百姓兴修水利,改良农田,在他的带领下,唐国百姓很快过上了安居乐业的生活。因受惠于周公的训育和辅佐,周成王被誉为“中国历史上一代明君”,其子周康王统治期间,社会安定,百姓和睦,“刑错四十余年不用”,史称“成康之治”。

家风传承

周公辅佐武王、成王两代君王，治家兼治国。为了家，他倾心倾力；为了国，他尽心尽责。每一份嘱托，每一声叮咛，每一句告诫，每一字劝说，背后都是一位长者的默默奉献，都在无形中把爱国亲民的思想向成王、伯禽等传递。这种良好的家风如阳光雨露，使家风之树根深叶茂、硕果累累。西汉贾谊曾这样评价周公："孔子之前，黄帝之后，于中国有大关系者，周公一人而已。"

《诫子伯禽》

姬 旦

德行广大而守以恭者，荣；土地博裕而守以俭者，安；禄位尊盛而守以卑者，贵；人众兵强而守以畏者，胜；聪明睿智而守以愚者，益；博闻多记而守以浅者，广。去矣，其毋以鲁国骄士矣！

译文：德行广大的人以谦恭的态度自处，便会得到荣耀；土地广阔富饶，以节俭的方式生活，便会永远平安；高官位尊而以谦卑的方式自律，让你更显尊贵；兵强人多而用畏惧的心理坚守，你就必然胜利；聪明睿智而用愚钝的态度处世，你将获益良多；见多识广、学问渊博而以肤浅自谦，你将学识更广。上任去吧！不要因为鲁国的条件优越而骄傲！

尽忠报国　薪火相传

岳飞（1103—1142），字鹏举，北宋相州汤阴（今河南汤阴县）人。古代著名的军事家、书法家、抗金名将。其母姚太夫人在国家危亡倾覆之际，励子从戎，教诲其尽忠报国，成就了岳飞百世芳名。岳飞本人教育子女也很有方法，深信“玉不琢，不成器”，要求长子岳云从小在军中生活。在岳飞严格教育下，岳云严于律己，也成为一代名将。

岳飞出生在宋金对峙之际。年幼时，母亲姚氏看他习武颇有天赋，便引导他加强练习，并常常告诫他长大后要用自己的力量报效国家，不惜赴汤蹈火。岳飞将母亲的教导铭记在心，整日练武，苦心研习兵法。

及冠之年，岳飞远赴京师应考，却在比试中枪挑了小梁王，大闹比武场，京城不能再留，随后便和牛皋、王贵、汤怀、张显弟兄五人，一起回到家乡河南汤阴闲居起来。

此时北方烽烟四起，金国的四太子金兀术野心勃勃，率领铁骑大举南下。北宋朝廷腐败无能，无力抵抗，只能由金军占领都城汴梁(今开封)，当朝的宋徽宗、宋钦宗也被掳至北方做人质。靖康之变(即北宋灭亡)是岳飞心里一道血淋淋的伤痕。随后，金兵在中原地区烧杀抢掠、无恶不作。岳飞满腔热血，时刻准备杀敌报国；而早期的弟兄们已到山中做了草寇。报国无门的他只能在家陪着母亲、妻小苦守清贫，北望，尽是悲怆；南眺，满目凄凉。

一天，家中来了位客人，此人是洞庭湖畔杨么(读 yǎo)起义军的部将王佐，因杨么久慕岳飞文武双全，特差王佐前来聘请他前去相助。当下王佐拿出许多金银珠宝作为聘礼，未料岳飞却正色而言道："岳飞生是宋朝人，死是宋朝鬼！"坚辞不收。王佐无可奈何，只得收拾起聘礼返回。

王佐走后，岳飞进里屋去将这些细节说予母亲。岳母听罢，沉思了一会儿，就让岳飞去中堂摆下香案，端正香烛，随后带儿媳妇一同出来，焚香点烛，拜过天地祖宗，叫岳飞跪在地上，媳妇研墨，背刺"尽忠报国"四个大字，勉励其随时报效国家。

这时，宋康王即高宗在金陵(今江苏南京)继位。为保住南方半壁江山，正值局势紧张的用人之际，不久朝廷便传下圣旨，聘召岳飞进京受职，率兵讨贼，图复中兴，以报靖康之耻。之后，岳飞领兵数次大败金兀术，金兵们都感叹道："撼山易，撼岳家军难！"

作为军中主帅，岳飞从来不骄纵自己的孩子。他发现长子岳云是个习武的好苗子,因此悉心培养。岳云12岁便进了军营,在岳飞部将张宪帐下当一名小军士,身份与普通士兵并无差别,岳飞还要求他不准穿丝绸,不准吃酒肉。

一天,岳云在军中练习骑马,只见他动作矫健,纵马驰骋,围观的士兵纷纷赞叹。岳云好不得意,可正是这一大意,岳云马失前蹄,整个人翻落下来。这一幕恰好被岳飞看见,他勃然大怒,严厉训斥道:“这都是你平时练习不认真造成的,若今天的场景发生在战场上,你的小命早没了。”

岳云看见父亲发怒了,慌忙辩解,岳飞怒气更大了,对左右亲兵说:“将这小子拉出去砍了!”

岳云一听,吓得直发抖。他清楚军中将领的话,哪怕是气话也是军令如山。这时站在一旁的将领们纷纷求情,劝岳飞收回成命。

此时,岳飞也有些后悔了,虽然不满儿子的行为,但也舍不得因这点小事便斩了自己的儿子,见众将苦劝,心便软了。但是为了让岳云记住这个教训,他改口说:“念在大家都在为你求情的份上,饶你一死,但给我拉出去打一百军棍。”岳云知错,硬生生挨了一百军棍,被打得好几天下不了床,一个月骑不了马。

岳云并没有因此记恨父亲,他知道父亲是希望自己吸取教训,踏踏实实地训练,因为战场不讲人情。刀光剑影间任何一个小疏忽都可能使人丧命,而将领阵亡,必定会影响整个部队。

此后,岳云更下决心勤学苦练,再没有让父亲失望过。

家风传承

“尽忠报国”，多么荡气回肠的四个字！这里面包含了岳母的殷切期望，也为后世父母所赞颂。一次小小的训练，岳云马失前蹄，便挨了一百军棍，可见岳飞对岳云的严格管教。“将门出虎子，父子两代英雄”，可惜，后来父子俩遭秦桧等奸臣诬告，在风波亭双双遇难，但其爱国精神永存。

《家训》

岳　飞

廉洁奉公，养浩然气；严以律子，厚以待人；令出如山，赏罚分明；不纵女色，事母至孝；武艺绝伦，勇冠三军；身先士卒，行若明镜。

译文：廉洁不贪，忠诚履行公职，一心为公，培养正大刚直的气势；对子女要求严格，待别人则很宽厚；命令一经公布，必须坚决执行，像山一样不可动摇，该赏的赏，该罚的罚；不放纵自己，不贪恋美色，侍奉父母极尽孝道；武艺高强，没有人可以相比，勇敢是全军第一；作战时将领带头，冲在士兵前面，行为像明镜一样透明。

热衷办学 慷慨报国

陈嘉庚(1874—1961),福建厦门人。近代著名的爱国华侨领袖、企业家、慈善家、社会活动家、教育家。陈嘉庚出生于华侨世家,深受勤劳善良的母亲影响。他发迹后热衷于家乡的公益事业,倡导诚毅精神,即嘉庚精神,子女们也深受影响,事业有成,让优良家风继续传承。

陈嘉庚小时候,父亲常年在新加坡经商,母亲孙氏一手将他抚养长大。

陈嘉庚14岁时,村民为建屋争议引起械斗,打死十多人,焚毁房屋十多间。关键时刻母亲孙氏挺身而出,报告地方官予以阻止,事态终于没再继续扩大,但各角头村民间已结下仇怨。第二年秋,械斗复发,又是孙氏深明大义,拿出自己20多年来勤做俭用的数百金积蓄,抚恤双方死难家属,代赔双方遭受的损失。这两次妥善处理家乡械斗事件，使孙氏赢得乡里人民的好评，也使陈嘉庚深受教育。母亲言传身教，潜移默化，在他幼小的心田里播下“重公利、重道义”义利观和“金钱如肥料，散播乃有用”金钱观的种子。

17 岁那年，陈嘉庚随父下南洋经营“顺安”米店。父亲去世时欠下了一大笔债务，陈家家道中落，陈嘉庚决意“父债子还”，靠经营菠萝罐头使生意有了很大起色，后来从事橡胶业，成为南洋首富。

陈嘉庚热衷于家乡的文化教育公益事业。1892 年，陈嘉庚接任“顺安”米店经理。次年，他回国生活了两年，并出资 2000 银圆建立惕斋学塾，这是他捐资兴学的开端。

陈嘉庚一生克勤克俭，从不奢侈浪费。他常说：“我金钱取诸于社会，亦当用诸于社会。”从 1918 年开始，陈嘉庚把大部分精力和资财用于兴学，陆续创办了集美中学、集美师范、集美水产航海学校、农业技术学校、商业职业学校、财经学校等各种专业学校以及厦门大学。后来，他又致力于厦门大学和集美学校的扩建。仅厦门大学，至 1959 年，其建筑面积就达到 6.26 万平方米，共 31 幢楼房。厦门大学以建南大礼堂为中心，东有物理馆、图书馆，西有化学馆、生物馆。上弦运动场可容纳观众 2 万人，游泳池面积达 6000 平方米。特别是采用西方先进设计理念建造的建南大礼堂，跨度 30 米，全部采用钢架连接，能容纳 5000 人，开大会时连回声都没有，被许多人叹为奇迹。

陈嘉庚虽然倾资办学，但在个人生活方面，却是俭之又俭。新中国成立后，他回国参与国事活动以后，政府给他定为三级干部，月薪 390 元，加上地区差异，每月共计 539.8 元。这笔钱在新中国成立初期是个不小的数目，但他规定自己的伙食费每月只有 15 元，叫炊事员严格掌握，而将省下来的钱，全部作为扩建学校的费用。有一次，炊事员实在不忍心，便给他买了一只鸡。他很生气，严肃地批评了那位炊事员的自作主张。据陈嘉庚的儿子回忆，父亲平时身上现金不超过 5 元。他从不让人为他祝寿。他一生只看过一次电影，那还是在新加坡时为筹赈会义演的片子。

此外，陈嘉庚对革命事业和中国人民的抗日战争也给予积极支持。他曾为孙中山领导的辛亥革命筹款 20 多万元，帮助光复福建。抗日战争爆发后，他积极动员华侨为抗战提供财力、物力和人力。从 1937 年到 1940 年，通过陈嘉庚之手为抗日募捐款达 30 亿元之巨。

临终前，陈嘉庚将 300 万元存款捐献给国家，支持办学，他用赤城的爱国热情和至纯至朴的家训深深影响了自己的子孙后代。陈嘉庚的子女们没有辜负他的期望，都学业有成，事业发达，儿子中出了不少企业家、银行家，女儿们嫁的人都是当时的英豪。虽然大多侨居海外，彼此相隔万里，但都心系祖国，共同秉持着嘉庚精神。长孙陈立人深受陈嘉庚爱国精神熏陶，退休后回厦门定居，并在嘉庚纪念馆当“义务讲解员”，为游客宣传嘉庚精神；外孙李成义一直以他为榜样，投身教育，致力于捐资兴学。

家风传承

嘉庚精神即诚毅精神,“诚”是指诚心待人,对国家、民族忠诚;“毅”贵在坚忍不拔,持之以恒,不畏险阻,勇往直前。纵观陈嘉庚光辉的一生,他一直在秉承着诚毅精神。他通过个人奋斗积累了巨额财富,但都用于投资办学,献给了国家和人民。后人在其精神的照耀下,继续书写传奇。嘉庚精神至今影响的不仅是他的后人,也影响着每一个炎黄子孙。

公益义务,能输吾财,令子贤孙,何须吾富?同侨君子乎,须知贤而多财则损志,愚而多财则益过,儿孙自有儿孙福,不为儿孙做马牛。——陈嘉庚家训

应该用的钱,千万百万也不要吝啬;不应该用的钱,一分也不浪费。——陈嘉庚家训

心系祖国　关爱他人

黄炎培(1878—1965),号楚南,字任之,笔名抱一,江苏川沙县(今属上海市)人。近代著名的民主革命家、教育家。黄炎培把毕生精力都奉献给了中国的教育事业,也是中国学校体系的奠基者。他教导子女不但要爱国,还要尊重农民、爱身边的人。心系祖国、关爱他人是黄炎培家风的体现,更是他一生恪守的人生信条。

黄炎培出生在书香世家。父亲是个秀才,母亲是个大家闺秀,家人为他取名“炎培”,是希望他永远不要忘记自己是炎黄子孙。

黄炎培小时候,在外祖父、父亲教导下熟读四书五经、唐诗宋词,打下了扎实的国学功底。在外祖父对近代历史的指点下,黄炎培受到了爱国主义与民族大义的思想启蒙,这让他对祖国充满无比的敬爱和热情。

黄炎培一家身居大上海,各种洋货物美价廉、充斥商铺,身边的上海人纷纷购买洋货，并以此来标榜自己，显示“时尚”。但黄炎培明确要求家里生活用品只能购买国货。有一次，他生病住院，女儿为他买了一件衣服，他只看了一眼，就大发雷霆，责问女儿为什么不买国产的。直到女儿翻出里面的商标，确信是国货，他这才平静下来。一辈子只穿国货，支持民族工业，在别人眼里看来或许是可笑的，但是对黄炎培来说，自己的行动哪怕微小也要饱含爱国的深情。

20世纪30年代后期，黄炎培的四子黄大能远在云南参加滇缅铁路的施工，黄炎培经常与儿子通信。有一次，黄大能收到父亲寄来的明信片，上面除了收信人和寄信人的地址外，只有“精忠报国”四个大字，这给了黄大能极大的震撼。他感受到了父亲严肃沉静的外表之下，有一颗炽热跳跃的爱国之心。1932年淞沪抗战期间，黄炎培四处演讲，鼓励民众抗日。一次，他在中华职校演讲，讲到激动之处，突然指着台下的儿子黄大能大声说：“如果你贪生怕死，投降做汉奸，日本人不杀掉你，我们也会杀掉你；如果你上战场牺牲了，我们全家将感到光荣！”

黄炎培的几个孩子，自幼都受到同样的爱国主义教育。8个子女中有5个留学英美，成为专家学者，他们谨记父亲的谆谆告诫，放弃优越的生活条件，在学成后都毅然返乡，报效祖国。

1936年，黄大能将远赴英国留学深造，临行前，黄炎培将他一生恪守的座右铭总结为48个字送给他：理必求真，事必求是；言必守信，行必踏实；事闲勿荒，事繁勿慌；有言必信，无欲则刚；如若春风，肃若秋霜;取象于钱,外圆内方。前两句告诫儿子一定要坚持追求真理,不要让纷繁世界误导自己;中间两句是对儿子日常的要求,要他规范自身行为;最后两句是告诉儿子应如何待人,为人要随和,同时内心要坚守原则,养成谦和严谨的作风。

心系祖国的同时,黄家的第一条家训就是必须尊重农民。黄炎培对农民的尊重与热爱体现在各个方面,黄家人吃饭有一条规矩:饭掉在桌子上,要一粒粒吃掉。黄炎培经常这样对家人讲:“一粒米要用七担水才能长成,千万不能浪费。”孩子们深受其影响,懂得尊重别人,尤其是农民。三儿子黄万里小时候不肯坐黄包车,大人问他原因,他说看到车夫拉车汗如雨下,辛苦难耐,就十分难过,不忍心坐车,而他这种善良仁慈的品质,便是深受黄家家训影响的见证。

黄炎培家训的第二条就是:不但要爱人,还要怀揣满腔热血地去爱身边的人。爱是道德的根基,众生爱人更是黄炎培家庭里的风气。

家风传承

黄家重视家庭教育、课子严格的家风,被黄炎培继承下来。其教育理念深深影响了他的子女,他恪守的“心系祖国,关爱他人”的理念也成为下一代恪守的家训。为国,他全力以赴;为家,他严格肃穆。黄炎培一点一点积攒下来的,是儿女的敬佩,是国人的景仰。

三世英杰 报国无悔

钱玄同(1887—1939),原名钱夏,字德潜,号疑古、逸谷、玄同,浙江吴兴(今湖州市)人。近代著名的语言文字学家、新文化运动的倡导者之一。钱玄同的渊博学识在学界享有盛誉,他甘愿为祖国奉献一切、奋发有为的精神深深影响了子孙,形成钱家“三世英杰齐报国”的良好家风。

钱玄同早年留学日本,回国后出任北京大学、北京师范大学的教授,拥有殷实的生活条件和崇高的社会地位。但他没有只当个轻松的教书匠,而是怀着高度的社会责任感,担任《新青年》编辑。在此期间,他与文学家刘半农相约,通过“笔战”方式调动社会论战的积极性。钱玄同化名“王敬轩”给《新青年》写信,故意用犀利的言辞抨击文学改革,抵制白话文;而刘半农则用实名予以驳斥,双方你来我往,唇枪舌剑,从而引发了一场新旧文学的论战,掀起了全社会讨论新文学与思考新文化的热潮，大大开启了民智。

父亲的言传身教在钱三强幼小的心灵里早早播下了反帝反封建的种子。1919 年五四爱国运动爆发，钱玄同以教授的身份带着年仅 6 岁的钱三强一起参加了示威游行。青年学生高喊的爱国口号，让小三强深受震撼。1925 年发生了“五卅”惨案，读小学的钱三强拿着小旗帜跟随大同学一起到北京东交民巷向帝国主义抗议；上中学时，他曾秘密地传递过北伐军胜利的喜讯。正是在父亲爱国精神的熏陶下，钱三强走上了为国为民、自强不息的人生道路。

高中毕业后，钱三强决定投身于富国民强的事业中去。他成功考取清华大学物理系后，父亲别出心裁地写了“从牛到爱”四个字送给他，一是勉励他发扬属“牛”的那股牛劲，二是希望他在科学上不断进取，向牛顿、爱因斯坦学习。这张意义重大、珍贵无比的字幅被钱三强随身携带，陪他走过巴黎和里昂，而后又被带回国，并成为他一生的座右铭。

法国留学期间，钱三强娶物理学家何泽慧为妻。在法国，钱三强夫妇被称为“中国的居里夫妇”，有非常好的待遇，但是，他们没有一刻忘记自己的祖国。1948 年夏天，他们携半岁多的女儿，毅然登船返回了祖国。临行前，法国导师在钱三强的鉴定书上写道：“我们可以毫不夸大地说，近十年来，在我们指导下的这一代科学人员中，钱三强是最优秀者。”

新中国成立后，钱三强夫妇都是知名学者，拥有很高的收入，但他们从不骄纵和溺爱孩子。1968 年，小儿子钱思进到山西绛县插队，生活上遇到不少困难，写信向父母诉苦。钱三强回信“你大了，不能总依靠父母，要独立生活，学会自己走路”。于是，钱思进深受鼓舞，奋发学习，在农村不管每天劳动多累，都坚持在小油灯下自学到深夜。1972 年，他被清华大学化工专业录取后，请求父亲出面帮他转到物理系，但钱三强拒绝了儿子的恳求，希望他通过自身的努力去实现。1978 年，钱思进通过努力，考取中国科学院理论物理研究所的研究生。毕业后，他成为北京大学物理学院教授、博士生导师。

钱三强的女儿钱民协则选择从事化学方面的研究，在中国科学院化学所获得博士学位，留学德国、法国，归国后任北京大学化学与分子工程学院教授。

令人钦佩的是，钱三强夫妇不仅将自己的儿女教育成了优秀的科学家，钱三强还在担任中国科学院近代物理研究所所长等职期间，培养出一大批从事原子核研究的人才。可见，钱氏家风的影响不囿于一家之内，更是为新中国的建设和发展做出了伟大的贡献。

家风传承

自强不息，奋斗不止。用学识振兴中华，用科技报效祖国，这便是钱氏的家风，一家三代人才辈出，爱国精神永存。钱家人从来没有刻意地说过要爱国，要奉献，但一代代人行动，已渗透了浓浓的爱国之情，值得每一个中华儿女敬仰、学习。

二 清正廉明

“公生明,廉生威。”“人无德不立,官无德不威。”清正廉明也是良好的家风。中国历来强调“治国先治家”,一个家庭(族)如果教育子女能做到清正廉明,则家族兴旺;反之,则很快走向没落,国家亦是如此。纵览我国几千年的历史,凡是吏治严明、官风清正的朝代,必然繁荣昌盛;凡是吏治混乱腐败、官风腐化堕落的朝代,必然衰败不堪,甚至走向灭亡。

“清如秋菊何妨瘦,廉似梅花不畏寒”,无论历史如何变迁,时代怎样发展,廉洁永远是时代的需要,正气永远是人民的期盼。中国历史上不乏清正廉洁的楷模,从战国时拒收百金的田稷子的母亲、汉代“四知”的杨震、明代两袖清风的徐光启,到近现代为官清正、家训不倦的曾国藩以及播撒理想、不事享乐的李大钊,他们都用自己的言行彰显了清正廉明的家风,影响子孙后代的同时,也得到了许多人的赞赏,直到今天,都是我们学习的楷模。

清正廉明——李大钊

家有贤母　必有良臣

田稷子是战国中期齐宣王的相国。田稷子在母亲的教诲下，奉公守法、廉洁清正。尤其是田稷母拒收百金，更让田稷子认识到慈母的一片良苦用心。此后，田稷子更加兢兢业业，使得齐国政治清明，官吏廉洁，国力日盛。

田稷子是战国时期齐国相，平时公务非常繁忙，加上廉洁清正，俸禄微薄，无法更好地赡养母亲安享晚年。

有一天，有个下级官吏来拜见田稷子，想托他办点私事，便献给了他百镒黄金，说是孝敬老夫人的一点心意。田稷子几番推辞，但碍于情面，最后还是收下了。当天，田稷子乘车回到家中，像往常一样，他回到府中的第一件事是在高堂叩拜母亲，给母亲大人请安。善于察言观色的老母，总是能从儿子的表情及言语中看出他一天从政的情况。田稷子向母亲问安后，脸上露出一丝喜气，顺手从口袋中掏出了百镒金子，双手奉上："这是孩儿孝敬母亲的一点心意。"

田母瞧见如此重额的金子，顿生疑虑，沉着脸追问金子的来路。田稷子不敢作声。田母见状，心里已明了七八分。

身为齐相的田稷子，尽管在宫廷中威严不可凌犯，但在家中十分敬畏母亲。他不想也从不敢欺瞒老母，老老实实地向母亲讲出了这百镒金子的来历。

田母听后，正色道："你接受下属的贿赂，是不诚不义；把这个金子孝敬给我，是不忠不孝啊！你受贿赂，就得为人开脱罪过，而且还坏了国家吏治的法度，这是不诚实、丧礼义的！如今，君王让你做了相，享受优厚俸禄，可是你的言行能够报答君王的信赖和恩情吗？要执行君王命令和国家法律，就应当廉洁公正，这样就不会有任何灾难降临。可是你现在离忠义太远了。为人臣不忠，就等于为人子不孝，以老母之名受人不义之财，实陷亲于不义。所以你既不是个忠臣，也不是个孝子！不孝之子，就不是我的儿子，立即滚出这个家门！"说完，田母头也不回，拄着拐杖，气愤地回房去了。

田稷子听了母亲的一番话，满面羞赧，冷汗涔涔，恨不得一头钻进地缝里去。田稷子吩咐侍从，将百金如数退还。并立即入宫，跪地向齐宣王认罪："田稷子侍奉大王多年，大王宠信为臣，作为臣下应兢兢业业，忠心报效大王，但为臣有失大王之望，收受百金贿赂，速求大王杀掉为臣，为臣才得以心安。"

齐宣王听完事情的经过后说:“相国何至于此,本王知道你的母亲德高望重,但年迈体衰,而你昼夜为国操劳,本王深知孝义之道,却不能使相国在母前尽孝,乃本王之过,想我堂堂齐国,沃土千里,国富民强,一代国相,百金又算得了什么呢!”

田稷子羞愧地说:“罪臣田稷自幼受严母教诲,本应尽心竭力,报效大王,但私受贿赂献给母亲,母亲非常生气地说:‘背叛大王乃不忠,不听母命乃不孝。不克己守法,身体力行,有失民意。’我没有很好地管理下属,又辜负了大王厚望,如不是母亲一番教诲,我将铸成大错,臣罪有应得,望大王赐臣一死。”

齐宣王听后,对田稷母的义行义举赞不绝口,亲自将田稷子扶起:“相国这样严于律己,实在不易啊!我将下旨免除你的罪行,请你继续担任相国,辅助我治理好齐国。”

不久,齐宣王将千金赏赐给田稷子的母亲,诏令天下学习她廉洁清正、教子有方的高尚品德。

家风传承

古人曰:“君子不饮盗泉之水,不食嗟来之食。”在母亲的教导下,田稷子为官真正做到了这一点。廉洁的传统美德在田稷母亲身上得到了很好的体现,她教子艺术是非常高超的,言辞真切、字字珠玑,不愧为教子有方的一代“圣母”,田稷子能成为战国名相,自身修身洁行固然重要,但也少不了母亲和家风的影响,这都是值得人们敬仰的。

一身正气 坚守德操

杨震(？—124)，字伯起，东汉弘农华阴(今陕西华阴东南)人。少好学，博览群经，治学授徒20多年，教学之余，种地奉养老母，以孝名传乡里。50多岁开始到州郡当官，最后官居太尉。杨震为官廉洁，从不为自己私欲谋利益。良好的家风对后人影响很大，名人辈出，成为弘农华阴望族。

杨震祖辈曾经显赫。父亲杨宝是个著名的儒者，西汉哀、平乱世时，他隐居授徒，朝廷数次征用，他都遁逃不知去向。汉光武帝赞赏他的高风亮节，也想征用，他却以老病为由辞而不就。传说杨宝曾在华阴山北救了一只受伤的黄雀，治愈后放归自然。他夜梦黄衣童子赠他四枚玉环，希望他的子孙即使做了高官也洁白如玉。这显然是杨宝借梦说事，勉励子孙要清正廉洁。杨震秉承父风，虽孤贫但对儒家经典有深入的研究，时人称之为“关西孔子杨伯起”。

杨震严守品行,为人正直。一次,杨震奉旨出任东莱太守,途径昌邑县,顺便见了好朋友——县令王密。数年前,王密才华横溢,无奈没人赏识,时任荆州刺史的杨震,曾教书多年,判断此人才能出众,极力向朝廷举荐,圆了王密的当官梦,从此,王密与杨震有了师生之谊。王密这人有些心术不正,他看到老师升迁,正好又是自己的顶头上司,为拉拢关系,以求今后多多提携。当天晚上,王密带了沉甸甸的包裹,偷偷拜访了杨震。

杨震看到王密神秘地打开包裹,里面是十斤黄金。杨震看了一眼,毫不客气地说:“王密,我很了解你;看来,你却不了解我,你这是干什么?”

王密还以为杨震是怕此事张扬出去有碍官声,嬉皮笑脸地对杨震说:“老师,您别发火,放心,这么晚了,没人知道此事。”

杨震听言,当即严肃地对王密说:“你今天来,天知,地知,我知,你知,怎么能说没人知道?”王密讨了个没趣,深感羞愧,匆忙拿着包裹回去了。这就是有名的“四知”典故。

杨震的清廉,还体现在自己的生活上。在任涿郡太守时效仿孔子得意门生颜回,“一箪食一瓢饮居陋巷”,杨家只吃清茶淡粥,“短褐穿结”。许多朋友劝杨震,要趁做官有权之际,赶紧多置些房产田业,以便日后作为遗产留给子孙。杨震听了这些“劝告”后,厉声说:“让我后世子孙都成为清白官吏的子孙吧!我把清白家风留给子孙,这比什么物质遗产都丰厚!”

是时，邓太后去世，安帝宠爱的一些后妃开始骄横起来。安帝的奶娘王圣，仗着抚养安帝有功，无法无天。她的女儿伯荣出入宫中，贪赃枉法。杨震多次上书，要求安帝选用德才兼备的贤能人士治理国家，惩治一些违法乱纪行为，尤其是后宫出现的不正之风。屡次上书无果，又受到一些小人的打击，最终杨震饮鸩自杀了。杨震为国而死，然而优良家风仍在传承。

杨震的三代儿孙杨秉、杨赐、杨彪都很争气，在东汉都位列三公，杨秉还有“三不惑”（酒、色、财）的美誉。算上杨震，被称为“四世三公”。重孙杨奇，在汉灵帝时任侍中，也同样受到家风的影响。一次汉灵帝问杨奇：“朕和桓帝（汉桓帝，灵帝父亲）相比怎么样？”灵帝问话的本意是要听几句奉承话，可是杨奇答道：“陛下和桓帝相比，就好像虞舜比德唐尧。”当面对汉灵帝进行了巧妙而又含蓄的批评，可见杨震后人还保留了其清廉正直的遗风。

家风传承

杨震“天知，地知，我知，你知，何谓无知”的深夜拒金故事折射出古代廉吏洁身自好的高尚节操。子孙后代能够成为“清白吏子孙”，与杨震的言行和清廉正直的家风家训不无关联。这些无形中影响了子孙后辈的成长，成了他们内心的一把标尺，一杆秤。让清廉正直的家风一直传承、弘扬。

修书治学　廉洁刚正

徐光启(1562—1633),字子先,号玄扈,上海县法华汇(今上海市)人。古代著名的科学家、政治家。徐光启为官清正,颇有政绩,一生著述丰富,在明清之际的中西文化交流中,具有突出贡献。他教导子孙"律已清廉、勤俭仁爱",子孙后代名人辈出。

徐光启出生在一个普通的劳动者家庭,自幼受到质朴的家风熏陶。祖父、父亲都天性淳厚,即便家境不富裕,仍乐善好施,遇到穷困之人总是施以援手,亲族中有贫老孤寡者,请入家中同衣同食,这为日后徐光启的乐善好施埋下了种子。徐光启受家庭影响的另一方面,就是跟着父亲在耕作之余到老农家串门聊天,请教农业知识。年幼的徐光启由此培养出了对农业生产的浓厚兴趣,也为他日后钻研农学,编纂巨著《农政全书》打下了基础。

徐光启早年在翰林院学习的时候，有一次早晨起来穿衣服，发现一条袜带找不着了，他没有告诉任何人，连夫人也没有说，暗自用一根布条替代。如此一个多月的时间，直到夫人发现，笑着说："你这么节俭，别人见了，一定会认为你在装模作样。"徐光启答道："你知道世上任何事物，都不会是十全十美的。我现在什么也不缺，只是少了一条袜带，就当作一个小小的缺陷，我觉得正合适，哪里是在装模作样呢？"这段话在幽默中蕴含着大道理，表明在他质朴的面孔下，是一颗真诚的、清正的心。

徐光启入朝为官后处处为百姓着想，从不以高官自居。父亲在京师（今北京）病逝后，徐光启扶柩回乡守制。他当时作为朝廷高官，对乡邻仍然彬彬有礼。守孝期间，他平时低调处世，但只要是造福乡里的事情，如建闸、蓄水、疏通吴淞江、保护文物古迹，他都不遗余力、尽心筹划。

徐光启不仅严于律己，对家人的教育和管束也很严格。儿子徐骥 17 岁时，有一次在外面看到有人家吃麦粥时发出很响的声音，感到寒酸可笑，回家后便将此作为笑料讥嘲了一番。徐光启认为，徐骥不能体会贫穷百姓的疾苦，反而嘲笑他们，这是失礼失德的表现，便将儿子痛斥了一顿，并想起自己曾经也是一介平民，儿子却出言不逊，气得饭都吃不下。徐骥这才醒悟，托了许多亲朋长辈说情，才使父亲的气慢慢消了。由此可见，徐光启家训之严格。

徐光启 70 大寿时，正在担任礼部尚书，各地之人都想借此机会接触他，便精心备了厚礼准备给他祝寿。徐光启事先吩咐儿孙一概不收寿礼，凡官场来往和求情办事之人都被挡了回去。只有从家乡远道而来的乡邻之礼，不便退还的，他还特地写信致谢。

晚年编写《农政全书》时，徐光启曾把三个孙子叫到身旁，安排他们帮忙抄写这部农书。从此，徐光启的书房成了《农政全书》的“编辑室”，孙子们一边读着爷爷写的《甘薯疏》等，一边认真地帮爷爷抄写修改好的书稿。在读书、抄书的过程中，孙辈们逐渐对农业科学知识产生了兴趣。

徐光启的清正延续了一辈子，从治官到治家、治国到治学，他都坚守着自己的底线。他去世时，人们整理他的遗物，发现在简陋的住屋中，仅有一只陈旧的木箱，箱子里面只有一些破旧衣物和一两白银。此外，便是大量的著作手稿。翻开床铺上的垫被，破旧不堪，原因竟是他生前暖足的汤壶子微有渗漏。有人将徐光启“盖棺之日，囊无余赀”的情况上奏给朝廷，崇祯皇帝赐谥号“文定”，停朝三天为他赐祭。

徐光启有一子五孙，世代恪守祖训，人人奉公守法、律己清廉。单三孙一脉就先后出了三位进士和两位举人，四孙五孙两脉亦出了不少为国做出贡献的名人。

家风传承

徐光启开创的读书治学、清廉刚正的家风，为徐氏家族世代所恪守，后代人才辈出。400年来，一代代徐氏族人以徐光启为荣，要求后代子孙以先祖为楷模，传家立命。家风代代相传，徐光启的精神也一直在延续，直到今天无数人被感动，实践他的家风、家训。

为官清正 家训不倦

曾国藩（1811—1872），初名子城，字伯涵，号涤生，湖南湘乡（今湖南双峰县）人。近代著名的政治家、理学家、文学家，湘军的创立者和统帅。曾国藩长期身居高位，廉洁奉公，重视家庭教育和教育的品质，被公认为“立功”“立德”“立言”的典范之一。

曾国藩家族发源于湖南的一个普通山村家庭。由于祖父曾玉屏勤劳耕作，家境迅速好转，他督促儿子读书，走科举的道路。父亲曾麟书考上秀才，从此曾家步入书香之家行列。曾国藩考中进士之后，直到新中国成立前，曾家一百多年间一直都是名门望族。

曾国藩考中进士留京做了翰林后，家人非常高兴，不少人抱有“一人得道、鸡犬升天”的思想。祖父曾玉屏却一再告诫家人，“宽一（曾国藩乳名）刚考中进士，事业才刚开始，我们不要麻烦他，让他能专心干事”。“他一个人在京城开销也很大,我们家里尽量自给自足,不到万不得已,不要向他要钱。”这是多么睿智啊! 正是有了祖父的告诫,曾国藩才能在京城安心读书、做官。

30 岁那年,曾国藩立誓:不靠做官发财,绝不食言。此后,他咬紧牙关,日日自苦,以至于想回湖南老家都因筹措不足路费而作罢。他的原配夫人一直带着子女住在乡下老家,手无余钱,亲自下厨、纺织。带兵打仗后,他管理大量军饷,依旧清贫。曾国藩要求自己“以廉率属,以俭持家,誓不以军中一钱寄家用”。

曾国藩长期身居高位,但始终保持一介寒士之风,节俭自律,不事奢靡,生活简朴。在饮食上,他常常只吃一个菜,因此,人们称呼他为“一品宰相”。任两江总督时,到下面巡视,下级为他多加了几个菜,他也只吃面前的一个菜,离开时他很不高兴下属的铺张。在穿衣上,他经常是补丁加身,一件青缎马褂也只是在节庆之日穿一下。在住行上,他床上铺草席、盖土布,家中老屋,已有百余年,九弟曾国荃花钱建了一幢新屋,他老大不高兴,并发誓此生绝不住新屋。

晚年,妻子、女儿跟他同住江宁(今南京)两江总督府。曾国藩规定她们白天下厨做饭菜,夜晚纺纱织麻到 11 点,日日夜夜如此,从未间断。此外,每个月零花钱夫人只有四千铜钱,折合银子也就是二两,儿媳只有一两,这点钱对于一位总督夫人来说实在是太少了。

曾国藩死后的第五年,其子曾纪泽因家人病重,缺钱医治,不得不托左宗棠向远在新疆的刘锦棠借钱。左宗棠知道这个情况之后，十分感动，送他300两银子。事后，左宗棠写信告诉自己的儿子说：“以中兴元老之子，而不免饥困，可以见文正之清节足为后世法矣。”由此不难看出，曾国藩确实是个清官。

在祖父、父亲家规家训的基础上，曾国藩先后制定了“三致祥”“四字诀”“八本说”，并为家中子弟读书、妇女劳作制定了详细的课目，涉及学习生活、为人处世、养生保健的方方面面，但最为突出的还是贯穿其中的方向引导。他要求子弟不做官，要有一技之长，具备不靠家族独立谋生的能力，切勿染上富家子弟的纨绔习气，过简单生活，保持寒士家风。有一次，看见女儿曾纪芬穿着一条彩色绸裤，曾国藩命令她立即换掉。除此之外，曾国藩给家里的妇人和女儿制定了一个雷打不动的“日程表”，按照曾国藩的想法就是“吾家男子于‘看、读、写、作’四字缺一不可，妇女于衣、食、粗、细四字缺一不可”。

曾国藩对子女要求很严，但眼光敏锐，不刻板。曾纪泽、曾纪鸿两兄弟继承父辈家业，秉承父辈教导，修身齐家，成就突出。曾纪泽成了近代著名的外交家，曾担任清政府驻英、法、俄大使，签定《中俄伊犁条约》，收复伊犁，维护了国家的主权和尊严；曾纪鸿曾计算出圆周率3.14后的100多位数，这是个了不起的成就，在圆周率计算研究史上占有一席之地。

时至今日，曾国藩的后辈已传至第八代，且已遍布世界各地。

尽管如此,曾国藩所倡导的家风家训,仍对后人有深深的影响。

家风传承

曾国藩的一生留给后人的宝贵精神财富很多,如俭朴、谦逊、自省、禁贪和清廉,等等,这些构成了他独特的廉政文化。终其一生,从平民到位居高官,曾国藩始终以高标准、严要求,约束自己和家人,成为廉洁的典范。曾国藩以家训治家,培养了良好的家风,并能因时而变,不因循守旧,将曾氏家风发扬光大,广为流传,为广大百姓赞许和借鉴。

《曾国藩家书》

曾国藩

吾家方丰盈之际,不待天之来概,人之来概,吾与诸弟当设法先自概之。自概之道云何?亦不外清、慎、勤三字而已。吾近将清字改为廉字,慎字改为谦字,勤字改为劳字,尤为明浅,确有可下手之处。

译文:我家正丰盈的时候,不等天来刮平,也不等人来刮平,我与各位弟弟应当设法自己刮平。自己刮平的道理如何?也不外乎"清、慎、勤"三个字罢了。我近来把"清"字改为"廉"字,"慎"字改为"谦"字,"勤"字改为"劳"字,尤为明白浅显,确实有需要做到的地方。

播撒理想 不事享乐

李大钊(1889—1927),字守常,直隶乐亭(今河北乐亭县)人。中国最早的马克思主义者,中国共产党的创始人和早期领导人之一。他一生艰苦朴素,淡泊名利,为革命事业献身,为子女树立了光辉的榜样。

李大钊童年时,身世坎坷。出生前7个月,父亲李任荣病逝。16个月时,母亲周氏因感伤过度去世,襁褓中的李大钊只能由年近七旬的祖父李如珍悉心抚养。

李如珍直爽好客,爱说话,爱管闲事,街坊邻里有了纠纷,他去调解;谁做了坏事,他毫不留情地数落。他勤俭持家,但是为村里买地募捐时,却能慷慨解囊。这些品质,通过日常小事不断影响着李大钊。

李如珍经历过战争的风雨,体会到国运的艰难,经常给李大钊讲做人的道理,讲述人民大众的苦楚。年幼的李大钊心里,一个远大的理想萌发出来,就是为广大苦难的群众谋出路。他3岁发蒙,进私塾,后考学堂,赴日本留学,读了18年的书,求得了救国的真理,因而积极投身于革命活动,解放人们的思想。

1918年,李大钊受北京大学校长蔡元培邀请担任北京大学图书馆主任,后来又担任北京大学教授,兼任朝阳大学、北京女子高等师范学校等五所大学的教授。在此期间,他凭着较高的收入,完全可以过上富裕生活,然而李大钊却把大部分收入用于党的活动经费和帮助有困难的学生及同志,致使家中常常无米下锅。蔡元培得知后,专门对会计科说:"每月发薪时,要先扣除李先生一部分,亲手交给李夫人,以免李家'难为无米之炊'。"

李大钊不仅是中国共产党在北方的主要领导人,而且是国民党在北方的领袖。第一次国共合作期间,李大钊任国民党北京执行委员会负责人,北方革命活动经费多经李大钊之手,当时国民党拨款经费每年达数万之多,且可以自行开支,李大钊从不乱花一分一文,他在北京没有置办房产,带着家人在北京西城租房子住(西城比东城房租便宜),每天步行一大段路到东城上班,中午自带干粮就白开水下肚。

对于孩子的教育,李大钊侧重循循善诱,寓教于乐,从不刻板生硬。他性情开朗,兴趣广泛,经常带领孩子们去郊游,一同乘船、渡河、爬山,以锻炼他们的胆量,开阔胸襟。他通过唱歌、写字、读诗、冬日扫雪等各种方式,教育子女爱劳动、养成良好的品格、懂得革命道理。虽然他的妻子只是一个普通的农村妇女，但是在家里，他尊敬妻子，常分担家务，教妻子读书，引导她走向革命道路，这些都成为儿女效仿的典范。

有人曾去李大钊家里拜访，见他女儿身穿一件大红的粗布小棉袄，外套粗布小蓝褂，前襟和袖口油光光的，土里土气，活像一个乡下疯跑的野孩子，完全不像一个北京大学教授的孩子。客人对此很不理解，李大钊只是淡淡一笑："孩子们应当从小养成吃苦的习惯，免得长大了什么也不会做。"这种朴素的作风，在北京大学教授中实为罕见。

在党的工作转入地下期间，长子李葆华担任了联络的任务。他每周把寄到家里的书信和各种革命书刊带给父亲，也给要同父亲联络的人送信。在他的眼里，父亲热爱真理，崇尚真理，对革命有着莫大的期盼，同时也具备高尚的情操。

李葆华在抗战期间曾任中共晋察冀区委书记，新中国成立后曾任安徽省委第一书记、贵州省委书记、中国人民银行行长等要职。虽然他身居高位，但深受父亲的影响，他一直住在一栋老房子内，老旧的三合板家具已经布满了划痕，人造革的沙发已有破损，甚至很多处已经塌陷。可以使用，是他唯一的标准。时代在变，但朴实的家风仍然代代延续。

李葆华用同样的标准要求儿子。身为厅级领导干部的李宏塔每天骑自行车上下班是出了名的，工作 20 年，骑坏了 4 辆自行车。

或许会有很多人不能理解，但是他总是乐在其中。

手中掌管万贯财，公私分明廉与洁。李大钊不仅将经费全部用于革命事业，从未动用一分钱，还将自己的收入拿出来支持革命事业，堪称廉洁奉公的典范。李大钊的儿孙辈，都在重要岗位上有所贡献，且以廉洁、为民著称。优秀的家风不仅让家庭和睦清正，也影响了社会。

《包孝肃公家训》

包　拯

包孝肃公家训云："后世子孙仕宦，有犯赃滥者，不得放归本家；亡殁之后，不得葬于大茔之中。不从吾志，非吾子孙。"共三十七字。其下押字又云："仰珙刊石，竖于堂屋东壁，以诏后世。"又十四字。珙者，孝肃之子也。

译文：包拯在家训中说道："后代子孙做官的人中，如有犯了贪污财物罪而被撤职的人，都不允许放回老家；死了以后，也不允许葬在祖坟上。不顺从我的志愿的，就不是我的子孙后代。"原文共有37个字。在家训后面签字时包拯又写道："希望包珙刻在石块上，把刻石竖立在堂屋东面的墙壁旁，用来告诫后代子孙。"又有14个字。包珙，就是包拯的儿子。

《钱氏家训》

钱 镠

欲造优美之家庭，须立良好之规则。内外六间整洁，尊卑次序谨严。父母伯叔孝敬欢愉，妯娌弟兄和睦友爱。祖宗虽远，祭祀宜诚；子孙虽愚，诗书须读。娶媳求淑女，勿计妆奁；嫁女择佳婿，勿慕富贵。

译文：想要营造幸福美好的家庭氛围，必须制定适当妥善的规矩。里里外外的街道房屋要整齐干净，长幼之间的顺序伦理要谨慎严格。对父母叔伯要孝敬承欢，对妯娌兄弟要和睦友爱。祖先虽距当下年代久远，祭祀也应该虔诚；子孙即便头脑愚笨，也必须读书学习。娶媳妇要找品德好的女子，不要贪图嫁妆；嫁姑娘要选才德出众的女婿，不要贪图富贵。

三　助人为乐

助人为乐是“仁爱”的一部分，即用将心比心的思想和方法，推己及人、兼善天下，其最高境界就是“博施于民而能济众”的奉献精神。它是中华民族传统美德的闪光点。在以“和为贵”为中国传统伦理文化基本精神所体现的道德关系上，人与人之间要互相体贴，互相帮助。

俗话说得好：助人为快乐之本。从先秦的疏广到北宋的范仲淹，再到近代的吉鸿昌、张謇，乃至当代的霍英东，都用自己的行动上演着助人为乐的义举，有力地维护着家庭统一和绵延数千年的中华民族的和谐统一。

范氏义庄——范仲淹

教子疏财 馈赠乡邻

疏广（？—前 45），字仲翁，号黄老。西汉东海兰陵（今山东苍山县）人。古代名臣。自幼好学，早年家居教授，从游弟子甚众，后被征为博士、太中大夫、太子太傅。他在身为太子太傅、获有令名的情况下，主动提出辞官回家，将赏金遍赠乡里，以自身教导子孙勤俭贤德。优秀家风由此沿袭，世代不绝。

西汉汉宣帝刘询在位时，疏广任太子刘奭太傅，疏广的侄子疏受任太子少傅，协助叔父太傅疏广教导、辅佐太子。古代，“太傅”“少傅”的职责一是教育太子成人，二是维护太子的地位。“太傅”为一品官，“少傅”为二品官，社会地位相当高。

在太傅与少傅的精心教导下，皇太子刘奭进步很快，12 岁时就通读《论语》《孝经》等儒家经典著作。汉宣帝看到太子取得如此进步，非常高兴，因此更加赏识疏广、疏受二人的才华。

就在功成名就之时，疏广选择了急流勇退，告诫侄子疏受："我听说，人知道满足，就不会遭遇困辱；知道适可而止，就不会遭遇危险。现在，我们已经位居二千石，官做成了，名声也有了，这样再不离去，恐怕要后悔的。"侄子疏受心领神会，点头称是。

当天，叔侄二人便向汉宣帝递上了呈文，说年老体衰，想辞官回家。皇帝和太子虽多方挽留，但因他们叔侄二人去意已决，就批准了他们的请求。疏广教导、辅佐皇太子 5 年，兢兢业业，成绩卓著。为了表彰、感激他，宣帝赐给他黄金 20 斤，皇太子又赠送其黄金 50 斤。

由于疏广德高望重，疏受贤而有才，两人威望都很高。在他们离开京城时，曾共事的高级官员和老朋友们设宴东都门外，为他们饯行。那一天，光送行的车就有几百辆，街道两旁还有许多人，送行的人中有的恋恋不舍地掉下眼泪，那情景非常感人。人们都纷纷称赞说："真是两位贤人！"

70 斤黄金可是个不小的数目。人们都猜度着：疏广得到这么多的赏赐，儿孙们可以沾光享福了，这些足以购置大量的房产、土地。然而，对于所得到的丰厚赏赐，疏广却另有安排。他并没有都带回家，而是把大部分黄金分送给老朋友、老部下；带回家的一部分，也不打算留给子孙后代。

回到家乡以后，疏广每天设宴，请来远近的乡亲，新朋旧友，一起叙友情，拉家常，谈笑风生。一年将尽，宴席几乎没有一天中断过，他所得到的赏金如流水般被花掉，当事人疏广却对此毫不在意。

儿孙们看在眼里，急在心里："您怎么样也应留下点儿钱财，置办些田产呀！成天只顾宴请外人，怎么就不顾我们呢？"他们虽有想法，但都不敢直接言明，于是便托请本家的一位长者去劝说疏广，希望他不要把钱财都折腾光了，要留下一些给儿孙们置办家业。

疏广听完后，微微一笑说："我虽然老了，可我还没有糊涂到不念及子孙后代的地步。我早就考虑到了，就我们家现有的房产、土地，已经足够了。只要儿孙们辛勤劳动，完全可以丰衣足食，达到中等以上的生活水平。但我要是用这些赏金再给他们多置办家产，这样做表面是在关心爱护他们，可实际上会使他们坐享其成，是在创造条件引导他们变得懒惰。"

"再说，这些钱财是皇帝赐予，用来养活我的，我乐于跟我的乡亲邻里、新老朋友共同享受这种恩赐，帮助需要帮助的乡亲，愉快地度过我的晚年，这不也很好吗？"

乡亲邻里、新老朋友以及他的子孙们听了疏广的肺腑之言，都心悦诚服。疏广百年之后，其子孙将长辈的教诲铭记心头。乡人感其散金之惠，在二疏宅旧址筑一座方圆三里的土城，取名为"二疏城"；在其散金处立一碑，取名为"散金台"，在二疏城内又建二疏祠，祠中雕塑二疏像，世代祭祀不绝。

家风传承

常言道：贤而多财，则损其志；愚而多财，则益其过。疏广并没有想着如何为子孙积累财富，因为他懂得所有的金银财宝都只是一时的，如果没有真本事迟早有一天会坐吃山空。宋代史学家司马光称赞疏广：真是有远见卓识。我们应当在有能力时，多帮助那些处在困境中的人们，成全别人，成就自我，弘扬美德。

《诫子》

姚　信

古人行善者：非名之务，非人之为；心自甘之，以为己度；阨易不亏，始终如一；进合神契，退同人道。故神明佑之，众人尊之，而声名自显，荣禄自至，其势然也。

译文：古代的人之所以行善，并不是为了谋求好的名声，也不是为了迎合别人，而是发自内心的意愿，认为这是自己做人的本分。因此，无论处境困厄或通达，都不会减损自己的德行，自始至终都是一样。向前合乎神意，退而合乎人道。所以神明保佑他，众人尊敬他，他的名声自然显赫，光荣利禄自然来到，这是情势必然如此。

一生为民 德善恒传

范仲淹（989—1052），字希文，北宋苏州吴县（今江苏苏州市）人。古代杰出的思想家、政治家、文学家。他为官清廉自守，一生为民。在家庭教育上，以“清俭”为宗，教子严格，平时儿子吃的穿的，也是蔬食常服，没有一点官家之后的奢华。王安石赞曰：“一世之师，由初起终，名节无疵。”

范仲淹少年生活艰辛。两岁时，父亲去世，家里穷得有时饭都吃不上。母亲为了不让他吃苦，就改嫁到苏州一姓朱的富人家庭。虽然在富有家庭长大，可是他从小养成了简朴的生活习惯。有一天，他说了两个花钱大手大脚的哥哥。哥哥们不但不听，反而数落他吃用他们家的，没有资格说他们。范仲淹得知自己的身世后，伤感不已，毅然辞别母亲外出求学。

此后，范仲淹不分昼夜，刻苦学习，五年不曾好好睡过觉。常常头昏体倦，就用冷水冲头洗脸，经常连顿稀粥都吃不饱，每天要到太阳过午才开始吃饭。这样寒窗苦读，终于学有所成。26岁时，范仲淹考中进士，从此踏上仕途。

童年的经历和多年的苦读造就了一个渊博、睿智的范仲淹，更塑造了慨然以天下为己任的远大志向的范仲淹。

范仲淹在京城担任“秘阁校理”（负责管理国家馆藏图书的官员）时，由于学识广博，精通“六经”，因此很多学者都来请教他经书方面的问题，他毫不藏私，悉心为之讲解。对于上门拜访求教的各种游学者，范仲淹都一视同仁，友善以待，甚至会拿出自己的俸禄来招待这些人。

范仲淹生性乐善好施。无论是贫穷的亲戚找到他，还是贤良的学者来求助，他都会毫不吝啬地施以援助。他在取得功名以后，曾照顾自己亲族中的生活困难、家境贫寒的人长达二十年，而自己的几个孩子还常常为穿衣服发愁呢！后来，他做了高官，也像其他官员一样用俸禄大规模购置良田。但是，他购买良田不是为了自家当地主发财，而是将这些田地作为“义田”交给族人耕种。与此同时，他还从族里选出一位年老而贤能的人，负责田地的监督和出纳。

范仲淹不仅自己关爱士子、照顾族人，而且对儿子的教育也非常严格，督促他们为国家、百姓多做贡献。他对弟弟、四个儿子及侄儿等严格要求，教导他们做人要正心修身、积德行善，范氏家风更以清廉简朴、乐善好施而闻名。在他的言传身教下，四个儿子无论是学问还是品行都很出众。范纯仁、范纯礼先后官拜宰相，而范纯祐、范纯粹读书和为官的事迹也是读书人学习的典范。

有一次，范仲淹让次子范纯仁自苏州运麦至四川。范纯仁回来时碰见熟人石曼卿，得知他逢亲之丧，无钱运柩返乡，便毫不犹豫地将一船的麦子全部送给了他，助其还乡。

到家后，父亲范仲淹问起途中有没有遇到朋友，范纯仁答道："路过丹阳时碰到了石曼卿，他因亲人丧事无钱返乡，被困在那里。"范仲淹立刻说："为何不把麦子送给他呢？"范纯仁回答说已经送了。范仲淹看孩子和自己想到一块了，直夸奖他做得对。

晚年时，范仲淹调任杭州，鉴于朝廷派别斗争激烈，有了退隐之意。族中子弟商议购置田产以供他安享晚年，被范仲淹严词拒绝。后来，他出资在其原籍苏州吴县购买良田千亩，令其弟觅贤人经营，收入分文不取，由此成立"范氏义庄"，对同族的后代子孙又义赠口粮，并资助婚丧嫁娶等费用。

"范氏义庄"是我国最早的家族义庄，也是有史料记载的第一个非宗教性民间慈善组织。它还创造了一个奇迹，虽然朝代更迭，历经战乱，但一直到清朝宣统年间义庄依然有田 5300 亩，且运作良好，共持续了 800 多年。范仲淹的言行训诫都被记录下来，成为教育子孙的典范，范氏一族也因此得到了长足的发展，培养了许多杰出的人才。

家风传承

范仲淹一生为民，无怨无悔，秉承“先天下之忧而忧，后天下之乐而乐”的理念，做到了“贫则独善其身，达则兼济天下”。他开创的范氏义庄堪称中国慈善史上的典范，惠及子孙后代数百年。范仲淹的家风值得当代人积极学习，这有助于推动中国的慈善事业进一步发展。

《范文正公家训》

范仲淹

敬长舆怀幼，怜恤孤寡贫；谦恭尚廉洁，绝戒骄傲情。字纸莫乱废，须报五谷恩；作事循天理，博爱惜生灵。处世行八德，修身率祖神；儿孙坚心守，成家种义根。

译文：尊敬长辈及关怀幼小，怜惜体恤孤寡老幼贫困之人；谦虚恭敬崇尚清廉洁身自好，完全戒除骄傲自满的情绪。写字的纸不要随意丢弃，一定要感恩于自然的养育；做事情遵循自然的法则，广泛地怜爱一切生命。为人处世遵循孝、悌、忠、信、礼、义、廉、耻，修养自身以祖先为表率；子孙后代坚定不移地守住本心，成家立业后也要把礼义世代相传。

热衷公益　造福乡梓

张謇(1853—1926),字季直,号啬庵,祖籍江苏常熟,江苏海门县长乐镇(今海门市常乐镇)人。清末状元,近代著名的实业家、政治家、教育家。张謇从小深受祖父辈影响,乐于助人,兴办实业的同时,他将大量的心血倾注在办教育、做慈善事业上,是近代中国慈善家的楷模。

张謇出生在一个富裕家庭,祖父、父亲读过一些书,都靠经营工商业致富。祖父早年因赌博输光了家产,中年学做瓷器生意,家境渐渐好转,不但建了房屋,将偌大一个家安顿好,而且还让儿子们上学读书。父亲张彭年继承了祖父“业田外兼货瓷”的传统,规模亦一仍其旧。后迁到海门长乐镇,买地建房。

父亲善待佣工,关爱乡邻。有一年,当佣工有“其无家可归而死为之殡者五十余人”,父亲不仅安顿好他们的家属,逢时为之祭祀,还特地交代儿子们“他日每节焚冥镪一包”。因此，佣工们对他们家十分信任。有一年，父亲从上海送货到宁波途中，遇到一海门妇女被人转卖到宁波，张彭年花费20两白银将此人赎回，并送到其丈夫家。当那一家人凑钱归还赎金时，张彭年念及那户人家家庭困难，坚决不接受。此外，父亲还热衷家乡的公益事业。因海门地区水网密集，需要大量造桥，父亲便出资为家乡修建了数十座桥。

张謇4岁时，荒灾岁月，张家只能吃蚕豆杂粮饭，然而张謇母亲见了上门乞讨者，停下筷子，自己不吃，也要施舍给上门乞讨的难民。母亲临终前，在家有债务的情况下，她还教导儿子要关爱他人，特别是周济穷人“不必待有余”。

父母亲的点滴善举深深影响着张謇，他后来常常认为自己造福乡梓，实际上是继承父辈的遗志。

张謇11岁时，能以“日悬天上”妙对“月沉水底”，父母认为是可造之材；次年，父亲就聘请秀才到家中教三个儿子读书，坚持让张謇走科举之路。甲午年，张謇参加恩科会试高中状元，留在京师翰林院任职。第二年年初，张謇的父亲因病去世了，按照当时礼教，他必须回到家乡服丧守孝，于是匆匆离开了京城返回家乡。当时，甲午战争惨败，民族危机加深，使张謇深受刺激。他认识到只有发展实业，革新教育，才能使中国屹立于世界民族之林。他甚至说，士大夫应做实业救国的马前卒。恰逢时任两江总督的张之洞上奏朝廷，奏准苏州等地在籍京官可以在当地（家乡）招商集资办厂。同年6

月，在张之洞的支持下，他开始筹建大生纱厂。此后的数十年间，张謇创办了20多个企业，为中国近代民族工业的兴起、发展，做出了宝贵贡献，被称为“状元实业家”。

兴办实业的同时，张謇积极倡导地方自治。其内容分成三大部分，他排定的顺序为：宜先实业，次教育，再次公益、慈善。按照自己的社会改革理念，1895年，他开始筹建第一家企业——大生纱厂。1902年，他筹建第一所学校——通州师范。在实业、教育相继有成之后，1905年筹建第一个公益机构——南通博物苑。1912年，张謇将南通城南的东岳庙改建，创办了南通图书馆，馆舍占地面积7亩，馆内建有图书楼、阅览楼、曝书台等。建馆之初，张謇为名誉馆长，清翰林院编修沙元炳为馆长。图书馆初创时，有图书13万卷，其中有张謇捐赠的8万卷藏书。张謇创办慈善事业与创办社会公益事业一样竭尽全力，他同几个哥哥一起创办了给地方百姓互济互用的“积谷仓”，还创建了数所养老院等。

从1902年至1922年的20年间，张謇共创办370多所学校、16家慈善机构，数量之多，涉及面之广，在当时无人可及。为办好这些公益慈善事业，张謇几乎拿出了他在企业的全部工资和红利。

张謇对子女的教育高度重视，他曾收集了7位古人的教子警言，亲自书写，请著名刻工，书刻于石，作为“家诫”世代珍藏。独子张孝若从小接受父亲的熏陶，性格温和、自幼聪慧。先后就读于青岛东方大学、上海震旦学院。20岁留学美国，就读于哥伦比亚大学，获学士学位后即归国，帮助父亲办理各项事务；1926 年张謇去世后，张孝若继任大生纱厂等企业董事长、私立南通大学校长。实现了张謇“归而从事于实业、教育二途，以承父志”的愿望。

家风传承

纵览中国近代历史，张謇无疑是一颗炳蔚中华的巨星，他办实业、兴教育、做公益等都产生了广泛的影响。这一切皆源于良好的家风，深受祖父辈的熏陶。张謇强烈的爱国热忱，“敢为天下先”的实干精神，热衷公益、造福乡梓的奉献精神，随着时代演进，仍在不断焕发新的价值，值得国人学习。

《朱子治家格言》

朱伯庐

施惠勿念，受恩莫忘。凡事当留余地，得意不宜再往。人有喜庆，不可生妒忌心。人有祸患，不可生喜幸心。善欲人见，不是真善。恶恐人知，便是大恶。

译文：对人施了恩惠，不要记在心里，受了他人的恩惠，一定要常记在心。无论做什么事，当留有余地；得意以后，就要知足，不应该再进一步。他人有了喜庆的事情，不可有妒忌之心；他人有了祸患，不可有幸灾乐祸之心。做了好事，而想他人看见，就不是真正的善人。做了坏事，而怕他人知道，就是真正的恶人。

不忘父训　赤胆忠魂

吉鸿昌(1895—1934),字世五,原名吉恒立,河南扶沟人。近代抗日英雄,爱国将领。少年时,深受父亲正直、豁达思想的影响,立志不忘父亲告诫的“做官即不许发财”的家训。他视兵如子,国家危难之际,挺身而出,最后壮烈牺牲,用自己的行动践行了父训。

吉鸿昌出生在一个小商人家庭。父亲吉筠亭经营一家小茶馆,为人豪爽,性格豁达,疾恶如仇,若朋友有难处,不惜解囊相助。他还粗通中医脉理和中药药性,时常为乡亲把脉看病,有时竟也能药到病除,但他不仅分文不取,留吃饭也多被谢绝,颇受乡亲们敬重。父亲还是当地出了名的说直理、好打抱不平的人物,人们有什么解不开的结、断不了的纠纷,都愿意找他来评理,他总是仗义执言、公平处理。父亲豁达、乐于助人的品质给吉鸿昌留下了深刻的印象,也给他种下了一颗为人善良的种子。

25 岁时,吉鸿昌已在部队担任营长。当时父亲病重,吉鸿昌来到榻前,握着父亲的手说:“爹,您有啥话尽管说,孩儿一定铭记照办。”吉筠亭语重心长:“你正直勇敢,为父放心,不过我有一句话要向你说明,当官要清白廉正,多为天下穷人着想,做官即不许发财。你只要能做到这一点,为父死而瞑目,不然,我在九泉之下也难安眠啊!”吉鸿昌含泪答应,将父亲的话深深烙在了心上。

父亲病逝后,他把“做官即不许发财”的字写在瓷碗上,要陶瓷厂仿照成批烧制,把瓷碗分发给所有官兵。在分发瓷碗大会上,他立下誓言:“我吉鸿昌虽为长官,但决不欺压民众,掠取民财,我会牢记父亲教诲,做官不为发财,为天下穷人办好事,请诸位兄弟监督。”

数年后,吉鸿昌升任绥远省督统署直辖骑兵团团长兼警务处处长,不久又被任命为第 36 旅旅长。官虽然越当越大,但他仍省吃俭用,注重兴办公益事业。冯玉祥在五原誓师,响应北伐时。吉鸿昌率部参战,连克洛阳、巩县,又强渡黄河,占领豫北重镇新乡,奉军被打得抱头鼠窜。自此,吉鸿昌所部有了“铁军”的美誉。

“九一八”事变发生,举国震惊,吉鸿昌听到这一消息更是“发指眦裂”,他声泪俱下地请求国民政府抗日:“国难当头,凡有良心的军人都应该誓死救国!”但蒋介石仍无动于衷,依然逼令他出国。吉鸿昌在国外到处宣传抗日,一次在记者招待会上有人问他:“日本有飞机大炮,中国凭什么抗日?”他拍着胸脯愤然回答道:“我们有热血，有四万万人的热血。中国人的愤激已经达到了极点，愿抱有‘宁为玉碎，不为瓦全’的决心，誓死一战。”

归国后，吉鸿昌同冯玉祥等组建抗日同盟军，他担任北路军前敌总指挥，并开赴张北抗日前线。出征之前，吉鸿昌做战前动员讲话并铿锵有力地赋诗：“有贼无我，有我无贼。非贼杀我，即我杀贼。半壁河山，业经改色。是好男儿，舍身报国。”之后，抗日同盟军半月之内收复了康保、宝昌、沽源，并与日伪军激战七天七夜，一举收复塞北重镇多伦。这是“九一八”事变以来中国军队首次从日军手中收复国土，举国为之振奋，极大地鼓舞了民众抗日的信心。

虽然吉鸿昌一心为国，处处为民。但他的言行激怒了奉行“不抵抗”政策的国民党当局。一天，吉鸿昌在法租界秘密开会时遭军统特务暗杀受伤，被法国工部局逮捕，后被引渡到北平军分会受审。不久，蒋介石下达了“立时枪决”的命令。行刑前，他一身正气，视死如归的气概，令行刑的特务吓得不知如何是好。最后，他以手为笔，在大地上写下了一首绝命诗：“恨不抗日死，留作今日羞；国破尚如此，我何惜此头！”

家风传承

吉鸿昌临终的绝命诗与刻在细瓷茶碗上的“做官即不许发财”这七个字，两者之间其实是有着很大关联的，都是在传承优良家风——一心为国、为民。有一种热血，像长江奔涌不息，浸润着每一寸山河；有一种责任，像长城守护中原，不容许一丝一毫的践踏；有一种仁爱，是想要保护每一个弱者；有一种光芒，是代代相传的忠魂闪耀！

《朱子家训》

朱　熹

勿以善小而不为，勿以恶小而为之。人有恶，则掩之；人有善，则扬之。处世无私仇，治家无私法。勿损人而利己，勿妒贤而嫉能。勿称忿而报横逆，勿非礼而害物命。

译文：不要因为是细小的好事就不去做，不要因为是细小的坏事就去做。别人做了坏事，应该帮助他改过，不要宣扬他的恶行；别人做了好事，应该多加表扬。处世不应为了私事而与人结仇；治家更要注意不可因为私心而有不公平的做法。不要做损人利己的事，不要有妒贤嫉能的心态。遇到不顺的事情，切勿因气愤而求一时之快；不要违背正常的行为规范而去伤害别的物体。

为国散财 矢志不渝

霍英东(1923—2006),原名官泰,祖籍广东番禺。香港著名实业家、商业巨头,爱国爱家的典范。霍英东的一生都在为祖国、故乡的繁荣和富强而努力付出。长子霍震霆深受父亲的影响,为中国体育事业的发展孜孜不倦地努力着。

霍英东少年生活困苦。7岁时父亲病逝,母亲带着3个孩子,顽强地撑起多灾多难的家,把丈夫遗留下来的驳运生意继续经营下去。霍母虽然目不识丁,但她希望儿女知书达理,于是送霍英东去皇仁书院读书。她教育孩子们:“老老实实地做人,认认真真地干事。”抗战胜利后,霍英东重操父辈的旧业——驳运,并且抓住战后的机会发迹起来,成为香港著名的航运巨头。

抗美援朝期间,霍英东亲自指挥货船,从深圳蛇口水路入内地,冒着被港英当局水警船管制与海盗机枪扫射的双重威胁，亲自指挥将黑铁皮、橡胶、轮胎、西药、棉花、纱布等大量新中国急需的“禁运”物资秘密地运回内地，这些物资对当时的中国来说，可谓雪中送炭。此后，霍英东成了新中国的好朋友。20世纪60年代后，他积极协助新中国做好统战工作，联络了许多香港实业家，关注大陆的经济建设和发展。

改革开放后，为推动祖国的各项建设和繁荣富强。霍英东拨出10亿港元建立了“霍英东基金会”，倾力推进现代慈善事业。自1984年开始，基金会共资助了110多个建设项目，分别以投资合营、捐赠、低息贷款等方式进行。1986年，他又拨出1亿港元成立“霍英东教育基金会”，资助内地教育事业。此外，他还成立“霍英东体育基金会”，推广体育活动。2002年，霍英东又成立了“澳门霍英东基金会”，支持澳门教育、医疗、体育和文化事业发展。从20世纪80年代至今，上述基金会用作慈善的捐款已超过150亿港元。

霍英东祖籍是广东番禺，事业有成后，他念念不忘故乡的父老和故乡的山山水水，时刻想着为家乡建设做点贡献。他与有关方面合资建造了我国第一幢五星级宾馆——广州白天鹅宾馆。宾馆大堂内建造了人工瀑布，“悬崖”上镌刻着“故乡水”三个大字。从1990年起，霍氏家族总动员，将全部精力和巨额资金投入家乡的建设中去。霍家与番禺市政府合作，开发番禺南沙22平方公里的土地，总投资超过100亿港元，其目标是要把番禺的南沙建成一个具有21世纪水平的新城区，让家乡人民过上富裕生活。正如霍英东本人所说："我本人在故乡做生意，家乡办企业的利润，基金会一块钱也不取！投资、捐赠，目的只有一个，就是希望家乡百姓富裕，国家兴旺，民族富强。"

霍英东对子女的教育也是倾注大量的心血。长子霍震霆12岁时，被他送往英国求学。学习期间，父亲常常提醒儿子说："你与父亲年幼时所处的时代大不相同了，一要好好学习，二要精通外语，三要懂国际贸易，四要读书做事都要为中国人争气，否则我不能用你。"霍震霆22岁学成返港后，霍英东便委其重任，因为他对自己的教育方式充满信心。记得，几个儿女小的时候，他曾经专门聘请游泳名将教孩子学游泳。两年光阴过去了，孩子们还是"浮"不起来。于是他把教练"炒"了，自己当教练。第一步，他把那些不肯下水的孩子统统打下水，逼着他们自己找到浮起来的本领，结果孩子们都"浮"起来了。

1974年，中国提出要重返国际奥林匹克委员会（简称"国际奥委会"），请霍英东帮忙。霍英东不仅自己出面，同时把擅长英文的长子霍震霆带上，很快办好了此事。2001年，霍震霆成为香港第一个国际奥委会委员。此后，他开始帮助中国申办奥运会。为了争取在香港举办2008北京奥运会的马术比赛，霍震霆亲自去游说国际马术联合会中每一位委员，并实现了目标。30多年来，中国在国际体育界的地位迅速上升，霍英东与其长子霍震霆功不可没。

家风传承

2006年，香港一家知名媒体在悼念霍英东时有这样一段话："爱国，就是付出，不问回报地付出！这与当今的现实有极大距离，不少人以爱国为名，计算权力和金钱的回报，见风使舵。付出，已经很稀罕了。"而这种不计回报的付出，霍英东用自己一生的行动做到了，并且教导子女们也做到了这点，让优良家风得以传承，真不愧为时代的楷模。

《戒子弟》

范纯仁

人虽至愚，责人则明。虽有聪明，恕己则昏。尔曹但常以责人之心责己，恕己之心恕人，不患不到圣贤地位也。

译文：一个人即使最笨，他在指责别人时总是显得很聪明；一个人即使最聪明，宽恕自己时总是显得很糊涂。你们应当以指责别人的心情来指责自己，用宽恕自己的心情来宽恕别人。这样，不怕不具有圣贤的地位。

四　勤劳节俭

勤劳节俭是中华民族的美德，它薪火相传，积淀于家庭和中华民族心灵深处，成为维系家族兴旺和中华文明久盛不衰的巨大精神力量。正如习近平总书记所说："勤俭是我们的传家宝，什么时候都不能丢掉。要大力弘扬中华民族勤俭节约的优良传统，大力宣传'节约光荣、浪费可耻'的思想观念，努力使'厉行节约、反对浪费'在全社会蔚然成风。"

翻阅历史，我们会看到一个个勤劳善良的父母，他们从小教导孩子养成勤劳节俭的习惯，如北宋司马光晚年撰写《训俭示康》的家训，紧紧围绕"成由俭，败由奢"的古训，专门对儿子司马康进行俭朴的优良传统教育，直到今日，仍是弘扬传统美德的好教材。

子承父业——詹天佑

敬姜教子 身体力行

敬姜，齐侯之女，姜姓，谥曰敬，鲁国大夫公父文伯的母亲。年轻时，她的丈夫便去世了，抚养、教育儿子的重担就落在敬姜身上。她以古代圣贤为榜样，教导儿子谦虚谨慎，继承先辈遗愿教子勤奋劳作。在母亲的教导下，文伯为官忠于职守，成绩卓著，最终成为一代名臣。

敬姜是鲁国大夫公父穆伯的妻子，儿子公父文伯出生后不久，穆伯便病逝，这样，抚养和教育儿子的重担全压在敬姜身上。文伯十来岁时，母亲按照“十年出外就傅”的传统，送他外出求学。有一天，文伯放假归来，还有一群小伙伴跟他一起回来，都受到文伯母亲的热情接待。

母亲很快发现这群小伙伴对文伯毕恭毕敬，言听计从。由于受到伙伴们的恭维，小文伯洋洋得意，自以为是极了。等小伙伴们走后，母亲把文伯叫到跟前，问明缘由，原来是小伙伴们平常得到文伯的一些小礼物，于是，母亲严肃地教训他起来："文伯，你这么小的年龄便用小恩小惠去拉拢别人，这可不是好品性呀！你应当用学业和人品赢得别人发自内心的尊敬。"接着，母亲列举了周武王、周公、齐桓公三位圣贤的事例。文伯听了母亲的训诫，深受教育。他反思自己的行为，明白了用他人劳动成果去拉拢别人是件可耻的事。于是，他主动向小伙伴们赔礼道歉，并改过自新。经过刻苦努力，他的学问、品德提升很快，也因此得到了小伙伴们的尊敬。

文伯长大做了官，有一天，他办完公事，兴冲冲地回家见母亲。一进家门，文伯就看见母亲正在摇着纺车纺麻线。那操劳不息的样子，活像穷苦百姓家的老婆婆。文伯"哎呀！"一声走向前去，低头对母亲说："像我们这样做官的人家，主人还要摇车纺麻线，要是让人知道了，非笑话不可，还会怪我不孝敬、不侍奉母亲呢！"敬姜听了，停下手里的活计，抬起头来，惊讶地打量了做了大官的儿子，摇摇头说："你连怎么做人都不懂呢！让你这样幼稚无知的人做官，鲁国就有灭亡的危险啦。"

文伯惊讶地问："母亲，您为什么这样说？真有这样严重吗？"

敬姜叫儿子坐在纺车对面，郑重地说："从前，圣明的君王安置黎民百姓，常常要选择贫瘠的地方让他们去居住并在那里生息。这是什么道理呢？那是因为大家为了生活，就得干活；为了生活得好，就得创造；要想创造，就得用心思考，思考就会产生智慧。反过来说,安逸享乐的生活,常常会使人放荡;放荡,就会忘记了好的德行;忘记了好的德行,就必然产生坏心。”

文伯听得入了神。敬姜停了停,又继续说:“你可以细心想一下,在土地肥沃的地方往往有许多人不能成才,原因就是他们安逸放荡啊!在土地贫瘠的地方倒有许多聪明善良的人,原因就是他们能吃苦耐劳啊……”

敬姜问儿子:“我希望你天天勤勤恳恳地做事,不断上进,培养好的德行,还多次提醒你,千万不能毁了前辈艰苦创下的功业,你记得吗?”文伯应声回答。

敬姜又说:“那你现在为什么又认为当了官就要享乐了呢?用你这样的态度去做君王委任的官职,怎么能不叫我忧心忡忡呢?我还很害怕你会因失职而犯罪啊!”文伯赶忙安慰母亲说:“我一定听从母亲的教诲,不贪图享乐。可这跟您纺麻线有什么关系呀?”

敬姜有点不高兴地说:“我看你做了官以后,整天显出得意的样子,不知约束自己,总喜欢讲排场,把先辈艰苦创业的事都忘了。动不动就说什么‘怎么不自我享乐呢’。这样下去,早晚有一天你会走上犯罪的不归路!我正是为你担心才起早贪黑地纺麻线,为的是不让你忘了过去,遇事能谦让勤俭。你懂了吗?”公父文伯红着脸说:“懂了,母亲。”

文伯诚恳地向母亲认错后,表示一定会按照母亲的教导去做。此后,他继承祖先的遗志,为官兢兢业业,忠于职守,成绩卓著,深受人民的拥护和爱戴。

家风传承

谆谆教诲,以小见大而言理,敬姜提醒儿子戒奢戒怠,使公父文伯深受启迪。原来老人家纺织不辍,是为了言传身教而使儿子勤于政事,传承克勤克俭的家族遗风,方保家祚永昌。家庭之事,并非全然一家之事,也能上升为社会、国家问题。因此,有良好家风才有清明的社会风气,国家才会更加繁荣富强。

《论劳逸》

敬　姜

昔圣王之处民也,择瘠土而居之,劳其民而用之,故长王天下。夫民劳则思,思则善心生;逸则淫,淫则忘善;忘善则恶心生。沃土之民不材,淫也;瘠土之民,莫不向义,劳也。

译文:古代圣王为老百姓安置居所,选择贫瘠之地让百姓定居下来,使百姓劳作,发挥他们的才能,因此,君主就能够长久地统治天下。老百姓要劳作才会思考,要思考才能找到改善生活的好办法;闲散安逸会导致人们过度享乐,人们过度享乐就会忘记美好的品行;忘记美好的品行就会产生邪念。居住在沃土之地的百姓劳动水平不高,是因为过度享乐啊!居住在贫瘠土地上的百姓,没有不讲道义的,是因为他们勤劳的缘故啊!

言传身教　家训传世

司马光（1019—1086），字君实，北宋陕州夏县（今山西夏县）人。古代著名史学家，主持编纂了中国历史上第一部编年体通史《资治通鉴》。他生活十分俭朴，为人温良谦恭、刚正不阿，更把俭朴作为教子成才的主要内容，其人格堪称儒学教化下的典范。

司马光出生于一个世代读书做官的家庭。父亲司马池是进士出身，历任地方和朝廷官员，以廉正仁厚享有盛誉。他在繁忙的公务之余，非常注意子女的家庭教育。他对孩子的培养是多方面的，文学、史学、勤政、爱民等，而最初的教育，则从修身开始。在他看来思想品德方面的教育尤为重要。司马家族是个大家庭，几十口人和睦相处。对内，家族成员勤俭自立，辛苦经营，治家有方；对外，他们慷慨仁义、关心乡邻、抚恤孤寡，深受乡里百姓尊重。

在这种家庭环境的熏陶中，司马光受到了良好的教育，形成了许多优良的品质。他做了父亲后，也非常重视子女的教育。为了完成《资治通鉴》这部历史巨著，他不但找来范祖禹、刘恕、刘攽等贤士当助手，还让儿子司马康也参与这项工作。当他看到司马康读书用指甲抓书页时，非常生气，认真地传授了他爱护书籍的经验与方法：读书前，先要把书桌擦干净，垫上桌布；读书时，要坐得端端正正；翻书页时，要先用右手拇指的侧面把书页的边缘托起，再用食指轻轻盖住以揭开一页。他告诫儿子说："做生意的人要多积蓄一些本钱，读书人就应该好好爱护书籍。"编《资治通鉴》长达15年，他始终坚持不懈，经常抱病工作。他的亲朋好友劝他"宜少节烦劳"，他回答说："先王曰'死生命也'。"这种置生死于不顾的工作、生活作风，使儿子及同僚们深受启迪。

在生活方面，司马光节俭纯朴。他常常教育儿子"食丰而生奢，阔盛而生侈"的道理。为了使儿子认识到俭朴的重要性，他以家书的体裁写了论俭约的文章。在文章中，他强烈反对生活奢靡，提倡节俭朴实。司马光还不断告诫孩子们说："读书要认真，工作要踏实，生活要俭朴，这些表面上看来皆不是经国大事，然而，实质上却是兴家繁国之基业。正是这些道德品质，才能修身、齐家，乃至治国、平天下。"司马光"由俭入奢易，由奢入俭难"的警句，已成为世人传诵的名言。在他的教育下，儿子司马康从小就懂得俭朴的重要性，并以俭朴自律。

在司马光年老时，社会风气日渐奢侈，人心浮躁，官场的人竞相讲排场、比阔气。他感到这种风气会对子孙后代造成不良的影响，于是，特意写了一篇《训俭示康》的家训给儿子司马康。在这篇家训中，他先从自己的经历谈起："我出生于一个贫寒家庭，清白的家风世代相传。自己的性格是从来不喜欢豪华奢侈生活的，小时候，大人要给孩子们穿上有金银装饰的华美衣服时，自己总是害羞地脱掉它。"接着，他列举了真宗时的宰相李沆、仁宗时的宰相张知白、春秋时鲁国大夫季文子等人勤俭传家的例子，又举了春秋时期卫国大夫公叔文子，晋朝太傅何曾、太仆石崇，当朝莱国公寇准等人奢华铺张以致后代招祸的例子，论证"成由俭，败由奢"这一古训。

在父亲的言传身教下成长，司马康没有辜负父亲的期望，认真严谨，博览群书，敏学过人，历任校书郎、著作佐郎兼侍讲等职务，并作为父亲的助手参加了《资治通鉴》的编撰工作。他同样生活简朴，为官清廉，被后人誉为"为人廉洁，口不言财"的贤人。

家风传承

司马光不仅自己勤劳俭朴，更把俭朴作为教子成才的重要内容，并写了《训俭示康》的文章作为家训传承。他的后人秉承着勤劳节俭、耕读传家的祖训，和睦、融洽地居住在一起，让优良的门风得以很好地传承了下来。直到现在，司马家的后人还聚居在司马光祖茔和祠堂所在的小晁村，延续着司马光遗留的家训和优秀家风。

教子自强 择婿嫁女

郑板桥(1693—1765),字克柔,号板桥,江苏兴化(今兴化市)人。古代著名的画家、书法家、文学家,"扬州八怪"之一。他一生严于律己,为官清正,家庭教育也是"严"字当头,要求子女自强自立、克勤克俭,成为教育子女的楷模。

郑板桥出生于书香世家,小时候家道中落,生活十分拮据。3岁时,生母去世,他便由乳母费氏养大。费氏是一位善良、勤劳、朴真的劳动妇女,给他悉心周到的照顾和无微不至的关怀。早年家贫,郑板桥应科举异常艰难,经历了康熙秀才、雍正举人、乾隆进士,50岁左右才开始做了个县官。

52岁时,郑板桥生了个儿子,起名小宝。晚年得子,他对小宝十分疼爱。为了把儿子培养成有用的人才,小宝长到6岁时,郑板桥就把他带在自己身边，亲自教导儿子读书，要求每天必须背诵一定数量的诗文，经常给小宝讲述吃饭穿衣的不易，并让他参加力所能及的家务劳动。学洗碗，必须洗干净；摆放东西，必须放整齐。父亲言传身教使小宝进步很快。当时潍县灾荒十分严重。郑板桥一向正直，家中清贫，未多存一粒粮食。一天，小宝哭着说："妈妈，我肚子饿！"妈妈拿一个用玉米粉做的窝头塞在小宝手里说："这是你爹中午节省下的，快拿去吃吧！"小宝蹦跳着走到门外，高高兴兴地吃着窝头。这时，一个光着脚的小女孩站在旁边，看着他吃。小宝一扭头，发现了这个连眼神都带着饥饿的小女孩，立刻将手中的窝头分一半给了小女孩。郑板桥知道此事后，非常高兴，因为儿子已懂得分享，有爱心了。

73 岁时，郑板桥病危，他把儿子叫到床前，说想吃儿子亲手做的馒头。父命难违，时年 21 岁的儿子只得勉强答应。可他从未做过馒头，请教邻家大娘后，费了九牛二虎之力，终于做好了馒头，喜滋滋地送到父亲床前，谁知父亲早已断气。案头上有张书纸，上面写着父亲的临终遗言："流自己的汗，吃自己的饭，自己的事情自己干。靠天、靠地、靠祖宗，不算是好汉。"这则遗言，是对子女的嘱咐，也是郑板桥对子女教育经验的概括和总结。

郑板桥对于女儿小娟的成长也非常关心。在他的影响下，女儿在诗画方面有相当的水平。眼看女儿到出嫁年龄了，还未找到合适的对象。他便主动为女儿选择夫婿，并且一反大操大办的传统，从简办了婚事。

小娟出嫁那天,周围四里八乡的老百姓都纷纷赶来,想看看县太爷为自己的女儿准备了什么样的贵重嫁妆。出乎人们的意料,大家没有看到像样的花轿,只见他的女婿赶着一辆牛车前来迎娶新娘,郑板桥给女儿的嫁妆也只是一个竹编的小箩筐。郑板桥让女儿把箩筐中的东西一一拿了出来,原来箩筐中装的全是针和线。当着众乡亲的面,郑板桥无限深情地对女儿说:"父亲送你的这些陪嫁之物,是郑家珍贵的传世家宝。"女儿把这些针线装好,聆听着父亲的教诲:"你将这些郑家的传世家宝带到夫家,一定要手脚勤快,针线不丢,自食其力。"在把女儿扶上牛车时又叮嘱道:"你可不要辜负了我对你的期望啊!"女儿放好小箩筐,笑容满面地说:"请父亲大人放心,女儿切记就是了。"同时,郑板桥为了表示自己对女儿婚事的祝贺,特意作一幅画作为嫁妆送给女儿,在这幅画上,他题写了一首小诗说:"官罢囊空两袖寒,聊凭卖画佐朝餐;最惭吴隐奁妆薄,赠尔春风几笔兰。"

郑板桥就这样简简单单地把女儿嫁了出去,理解其寓意后老百姓高度赞扬了他的举动。

郑板桥"严"字家风源于自己的家世和成长经历。即使做了县老爷后，他依然保持低调作风，生活清贫，并教育子女自食其力，让朴实的家风得到传承。直到今天，人们还在传诵这些故事，可见其优良家风魅力无穷。

《郑板桥家书》

郑板桥

凡鱼飧果饼，宜均分散给，大家欢嬉跳跃。若吾儿坐食好物，令家人子远立而望，不得一沾唇齿；其父母见而怜之，无可如何，呼之使去，岂非割心剜肉乎！夫读书中举中进士做官，此是小事，第一要明理做个好人。

译文：凡鱼肉水果点心等吃食，应平均分发，使大家都高兴。如果好的东西只让我儿子一个人吃，让仆人的孩子远远站在一边观看，一点也尝不到，他们的父母看到后便会可怜他们，又没有办法，只好喊他们离开，此情此景，岂不令人心如刀绞？读书中举中进士以至于做官，都是小事，最要紧的是让他们明白事理，做个好人。

自力更生 为国节俭

詹天佑(1861—1919),字眷诚,号达朝,祖籍徽州婺源,广东南海县(今广州市荔湾区)人,近代著名的铁路工程专家。主持修建了我国自建的第一条铁路——京张铁路,培养了我国第一批铁路工程师,为国家争得巨大的荣誉。他从不居功自傲,而是严于律己,对子女要求也非常严格,一心一意为国家和事业着想,具有崇高的品质和爱国思想。

詹天佑出生在一个农民家庭,父亲曾是茶叶商,鸦片战争爆发后,生意破产,回乡务农。小时候,父亲常常跟他讲有关鸦片战争的故事,让他知晓了中国被打败跟“机器制造出来的枪炮”有关。从此,“机器”成为他无限向往和执着追求的东西。

12岁那年,詹天佑报考了“幼童出洋预备班”,不久,作为第一批幼童赴美留学。20岁时,他以优异成绩毕业于美国耶鲁大学,获得学士学位后回国即从事工程和铁路建设。

1905年,詹天佑被清政府委任为京张铁路总工程司(即具有管理职权的工程师)兼会办局务。修建京张铁路中途需穿越层峦叠嶂、峭壁连天的八达岭,难度非同一般。同年8月,京张铁路正式开工。詹天佑便投入到紧张的勘探、选线工作中。塞外狂风怒号,风沙满天,詹天佑常率领工程人员,背着标杆、经纬仪在悬崖峭壁上定点制图。为了寻找一条理想的线路,他常常骑着小毛驴在崎岖的山路上奔波。白天翻山越岭,夜晚便趴在洋油灯下绘图计算。强烈的责任感和使命感使詹天佑对勘测工作的要求十分苛刻,他严禁"差不多""大概"这样模糊的字眼出现在报告中。在詹天佑和诸位同仁的努力下,原计划6年完成的京张铁路,仅用4年时间就提前完工,工程费用只及外国人预估的五分之一。1909年10月,京张铁路建成通车,它增强了中华民族的自信心,也推动了各省自办铁路事业的热潮。

詹天佑深知:自己能有今天的成就,很大程度上得益于当初赴美留学。为此,他十分重视培养青年才俊,希望他们能获得与自己一样出国留学的机会。

1914年秋,詹天佑接到通知:政府让他的两个儿子官费出国留学。看到通知,詹天佑心里久久不能平静。他想:别人家的孩子出国留学,是自己出钱。今天,我的两个孩子同时出国留学,却是官费,还不是因为我对国家的铁路事业做出了一点贡献嘛!现在,我又是督办兼总工程师,有了地位,连孩子也可以得到特别照顾。这样对国家不利,对孩子的成长也不利,更何况国家财力窘迫,留学要耗费大量的资金。想到这,他决定谢绝政府的照顾。于是,他把两个儿子找来,并说服他们放弃官费,改用自己的薪俸供他们留学。

两个儿子学成回国后,有单位用高薪聘请他们,詹天佑不同意。他对儿子说:“当初我送你们去学习,不是要你们将来高官厚禄,而是希望你们为国家的繁荣富强做些贡献。正好我身边需要人,你们就在我身边工作吧!”

当初,同儿子一起回国且同在一起工作的同学,工资每月都 100 多元,而詹天佑每月只给两个孩子 70 元。这时,有人为此打抱不平,两个儿子也不高兴。詹天佑十分恳切地对儿子们说:“因为你俩是我的孩子,自然要严格一些。目前国家困难,经费紧张,我们搞工程建设的应该清楚这些,所以要多为国家着想。”两个儿子听后,觉得父亲说得很在理,就再也没有提过工资的事,继续愉快地工作。他们没有让父亲失望,很快成为詹天佑得力的助手。

詹天佑通过言传身教,形成了淡泊名利、大公无私、助人为乐的詹氏家风。子女中涌现了大批优秀人才。长子詹文珖、次子詹文琮到耶鲁大学留学;1918 年,詹文琮从耶鲁大学毕业后回国投身铁路事业,继承了父亲的事业,人称“小詹天佑”;三子詹文耀、四子詹文祖均毕业于北京交通大学;五子詹文裕的长子詹同济毕业于北洋大学,也是著名的铁路工程师。

詹天佑强调自力更生、为国家着想，这也是勤劳节俭的新写照。这些好家风故事告诉我们，无论何时，都要重视家庭建设，“家是最小国，国是千万家”，有了强大的国，才有富裕的家。今天，我们要充分发扬这些优良的家风，让好家风世代沿袭，让新一代人撑起中国的脊梁。

《训俭示康》

司马光

众人皆以奢靡为荣，吾心独以俭素为美。人皆嗤吾固陋，吾不以为病。应之曰：“孔子称‘与其不逊也宁固’；又曰‘以约失之者鲜矣’；又曰‘士志于道，而耻恶衣恶食者，未足与议也。’古人以俭为美德，今人乃以俭相诟病。嘻，异哉！”

译文：许多人都把奢侈浪费看作光荣，我心里独自把节俭朴素看作美德。别人都讥笑我固执，不大方，我不把这作为缺陷，回答他们说：“孔子说：‘与其不谦虚，宁愿固陋。’又说：‘因为俭约而犯过失的，那是很少的。’又说：‘有志于探求真理却以吃得不好，穿得不好，生活不如别人为羞耻的读书人，这种人是不值得跟他谈论的。古人把节俭作为美德，现在的人却因节俭而相讥议，认为是缺陷，嘻，真奇怪呀！’”

廉政楷模 道德典范

周恩来(1898—1976),字翔宇,曾用名伍豪等,原籍浙江绍兴,出生在江苏淮安。伟大的马克思列宁主义者,中国无产阶级革命家、政治家、军事家、外交家。他一生两袖清风,心系群众,鞠躬尽瘁,艰苦朴素,克勤克俭。他膝下无儿无女,却抚养了许多革命烈士的子女,他对这些"子女"和亲属要求特别严格,从不偏爱和娇惯。周恩来堪称"廉政楷模,道德典范"。

周恩来出生于没落的封建官僚家庭,9岁时,生母万氏和养母陈氏相继病逝,他开始倍感生活的艰辛,自小便养成勤俭节约、艰苦朴素的好习惯。

新中国成立以来,周恩来出任中央人民政府政务院总理。有人提出要修政府办公大楼,周恩来说:"我们一定要执行毛主席勤俭建国的指示,在我任总理期间,决不修政府大楼。"他反对各地建楼堂馆所,要求国务院带头艰苦奋斗,勤俭建国,树一代共产党人的新风。三年经济困难时期，国务院开会，不上茶。在一个大盘子中放上一小包一小包的茶叶和烟，上面都标着价，谁用谁付钱。他个人生活非常俭朴，他所住西花厅的房屋，窗户裂开大缝，冬天工作人员只好用报纸把窗户缝糊起来；铺的是大块方砖，地面潮湿。相关部门几次要给他修房子，都被他拒绝了。有一次，工作人员趁他外出工作，把房子简单地维修了一下。他回京后，在全体国务委员会议上，做了多次严肃的自我批评，检讨自己没有把好关，承担了全部责任。后来部长们说："总理，你别再检讨了，再检讨，我们都要落泪了。"总理说："我做检查是应该的。我最不安的是，我的房子修了，带了个很坏的头。副总理、部长们的房子还修不修？我心中不安。"其实，他的住房设施非常简单，办公室连个沙发也没有，还是在他被检查出癌症后，得知此事的毛主席派人送来一个单人沙发。

1961年春节前夕，在山东青岛工作的侄子周保章第一次到伯伯家做客，邓颖超热情地挽留周保章在西花厅过年。年三十晚上，周恩来在西花厅后客厅宴请身边工作人员和在北京的亲属。二三十人团团围坐在一起吃年夜饭，其乐融融。每张桌子上放着两样食品：一盘热气腾腾的肉包子，一盆金黄的小米粥。周恩来带头先盛小米粥，然后等大家盛完后，他站起来对大家说："今天是除夕，大家辛辛苦苦地忙碌了一年，我只能用小米粥和肉包子招待大家，对大家一年来的辛勤工作表示慰问和鼓励。"邓颖超接着解释说："请大家吃小米粥，是希望大家记住新中国是小米加步枪打出来的，不能忘掉‘小米’精神；吃肉包子，是要大家懂得新中国生活好了，还要再建设，好了再好，过上更美满幸福的日子！”邓颖超精彩的一席话，说得周恩来频频点头，大家热烈鼓掌，在热热闹闹的气氛中，结束了一顿难忘的年夜饭。

20世纪60年代初，侄子周尔辉结婚，周恩来和邓颖超送给侄子的结婚礼物是一条周恩来穿过的毛料裤子。就是这条呢裤子，周尔辉穿了许多年，破了补，补了破，一直到不能再补时，妻子孙桂云将其拆开打翻，自己动手将这条旧裤子改缝成一条童裤。周恩来病重期间，周尔辉、孙桂云及其十岁的儿子来北京探望他。亲人见面，分外激动，大家谈兴正浓。忽然，邓颖超惊讶地说：“小孩子家怎么穿起了呢裤子？”孙桂云赶忙解释其中原委，听完孙桂云的解释，周恩来和邓颖超都很开心。周恩来高兴地说：“好啊！我们家一条裤子穿了三代人啦！”从此，这个“三代裤”的故事流传甚广。

家风传承

周恩来是大国总理，管理着一个“大家”，在这个“大家”中他始终把自己当作人民的勤务员，以身作则，从自己做起，从自家里做起，决不让亲属之事影响“大家”，这是培养干部家风的极好教材。他是中国共产党坚持党性的楷模，是实践党的全心全意为人民服务宗旨的典范，更是党的优良作风的化身。

五 诚实守信

“诚”与“信”是儒家倡导的伦理规范和道德标准，二者自古以来就是形影不离的。孔子说“人无信不立，国无信不强。”孟子则说：“诚者，天之道也，诚之者，人之道也。”许慎在《说文解字》中写道：“信，诚也。”因此，诚信就是要诚实守信，对自己、他人、集体，都要有责任感。千百年来，人们讲诚信，崇诚信。诚信之风早已融入中华民族文化的血液之中，成为文化基因中不可或缺的重要一环。它不仅仅是中华民族的传统美德，更是每个人行为规范的基本准则，诚信就如同一盏生活中的明灯指引我们前行。

一个家族（庭）讲诚信，不仅能教育好子女，而且还会形成良好的家风。这样的事例在历史上举不胜举，例如，杀猪教子的曾子、教儿真诚待人的陶侃母、教人学做真人的陶行知、靠诚信做人经商致富的李嘉诚、做老实人说老实话的彭德怀等。

学做真人——陶行知

杀猪教子 诚信做人

曾子(前 505—前 435),名参,字子舆,鲁国南武城(今山东平邑)人。师承孔子,作为孔门七十二贤人之一,被后世尊称为“宗圣”。曾参主张以“孝恕忠信”为核心的儒家思想,他的“修齐治平”的政治观,“内省、慎独”的修养观,“以孝为本”的孝道观至今仍具有极其宝贵的社会意义和实用价值。

曾参是孔子的学生,作为儒家正统思想的正宗传人,他把孔子的思想和学问传授给弟子,并将孔子的言行整理成《论语》。上承孔子之道,下启思孟学派,对孔子的思想一以贯之。

年轻时经历的一件事让曾参认识到诚实的重要性。有个与他同名的族人在家乡鲁国南武城杀了人。有人向曾参的母亲报告说:“曾参杀人了!”母亲说:“我的儿子是绝对不会去杀人的。”没隔多久,又有一个人跑到曾参母亲面前说:“曾参真的在外面杀了人。”母亲仍然不去理会这句话。她还是坐在那里不慌不忙地穿梭引线，照常织着自己的布。又过了一会儿，第三个报信的人跑来对曾母说："曾参的确杀了人。"曾母心里骤然紧张起来。急忙扔掉手中的梭子，架起梯子，越墙逃走了。虽然曾参贤德，母亲对他信任有加，但有三个人怀疑他（杀了人）时，连慈爱的母亲也不相信他了。

曾参杀人是一个成语故事。这则故事告诫人们，应该根据确切的事实材料，用分析的眼光看问题，而不要轻易地去相信一些流言。然而，即使是一些不确实的说法，如果说的人很多，也会动摇一个慈母对自己贤德的儿子的信任。由此可以看出，缺乏事实依据的流言是可怕的，一个诚信的人不应该随便传播没有事实依据的流言。

有一天，曾参的妻子洗漱完毕，换上新衣准备出门。在一旁玩耍得正开心的儿子看到母亲要走，连忙扯着母亲的衣襟，吵着也要去。孩子年龄小，集市离家又远，带着他很不方便。妻子担心年幼的儿子走不动路，于是不愿意带他出去。但是在孩子的软磨硬泡之下，妻子只好哄他说："好孩子，留在家里，好好听话。等我回来，就把咱家那头肥猪杀了给你吃。"

儿子一听止住了哭声，眨了眨噙着眼泪的眼睛，认真地问："是真的吗?"母亲只得又点了点头。这话倒也灵验，听说有好吃的，儿子旋即破涕为笑，开心地蹦跳着跑到一边玩去了。这一切，都被站在旁边的曾参看在眼里，记在心中。

妻子从街上回到家里，只见曾参正拿着绳子捆家里的肥猪，身旁还放着一把杀猪的刀。妻子一见慌了，急忙上前拉住曾参，着急地说："你这是疯了么？家里只养了这两头猪，都是逢年过节时才杀的。我刚才只是被儿子缠得没有办法了，不过和孩子说着玩的，你怎么当起真来了？"曾参一下子变了脸色，严肃地说："我们做父母的，不能欺骗孩子。小孩子年纪小，对世事并不了解，只会学着父母的样子，听从父母的教导。今天，你答应孩子的事不去做，哄骗了孩子，就是教孩子也去讲假话，去欺骗人。做母亲的欺骗儿子，儿子觉得母亲的话不可信，以后即使再对他进行教育，他也难以相信母亲的话了。这样做，怎能把孩子教育好呢？"

妻子听了，觉得丈夫的话句句有理。她佩服丈夫这种真诚对待孩子、精心培养孩子诚实品德的高尚行为，于是心悦诚服地帮助曾参杀猪去毛、剔骨切肉。没过多久，妻子就为儿子做好了一顿丰盛的晚餐。

家风传承

曾参通过自己经历的"三人成虎"的故事，加上老师孔子的熏陶，深感诚信的重要性。同样曾参用自己的实际行动去教育孩子要言而有信，诚实待人，"丈夫一言许人，千金不易"。别看杀了一头猪，让眼前利益受损，但从教育子女的长远利益看，大有好处，也促进了诚信家风的传承。

父母是子女的第一任启蒙老师，家长在孩子面前应处处以身作则，培养他们良好的品德。

真诚待人 坚守清白

陶侃(259—334),字士行(一作士衡),东吴鄱阳郡枭阳(今江西都昌县)人。古代名臣、名将。陶侃出身寒门,父亲早逝,全靠母亲纺纱织布抚养长大。母亲湛氏宽厚待人、教子有方。在她的悉心指导下,陶侃白天干活,晚上勤奋读书。为官后,母亲仍时常教导他。陶侃精勤吏职,不喜饮酒、赌博,终成为一代贤臣。

陶侃少年丧父,家境贫穷,与母亲湛氏相依为命。湛氏是位坚强的女性,她立志要把儿子培养成才。

母亲对陶侃管教很严,恩威并重,贤如孟母。湛氏自己纺纱织布,资助儿子同知名人物结交朋友。当时,同郡人范逵很有名望,被荐举为孝廉。有一天,范逵途经陶侃家,正值冰天雪地,寒风呼啸,便想要投宿一晚,范逵车马仆人众多,而陶侃家室如悬磬,一贫如洗,仓促间陶侃连像样的饭菜都拿不出来,无以待客。母亲对儿子说:“你只管在外面留住客人,我自有办法。”湛氏的头发很长,一直垂到地上,只见她拿出剪子,“咔嚓”一声,把自己的头发剪了下来,快速做成两套假发,拿出去变卖,换回几斛米。她又去砍掉房屋的柱子,劏下一半做柴火。马儿没有草料,她又把自己床铺上的草垫子剁碎当马料。傍晚时分,她准备好精美的饭菜,招待范逵以及众仆一干人,并把马儿喂得饱饱的。

范逵离开时,母亲命陶侃亲自相送到百里之外。范逵为此十分感动,便问他想不想做官,为国家多做贡献。陶侃说:“想是想,就是没有门路。”范逵后来向庐江太守张夔举荐了陶侃,陶侃被封为督邮。

陶侃对张夔的知遇之恩非常感激。张夔的妻子生病,需要从百里以外请大夫。此时又正值大风雪天,张夔的幕僚都不肯去。最后,陶侃冒着大风雪将大夫请来,张夔为此很感动。陶侃的这一行为,让很多人敬重他的知恩图报。长沙太守万嗣路过庐江,陶侃并没有溜须拍马,而是对他谦恭有礼,还将他照顾得无微不至。万嗣临别时说:“你将来定会成名!”

早在陶侃踏上仕途赴任之际,湛氏把儿子叫到跟前,语重心长地说:“侃儿,为娘苦了一世,总算看到你有了出头之日;但望我儿要做一个清正之人,不可误国害民。”

“娘,孩儿记住了。”陶侃说。

“为娘拿不出什么东西为儿饯行,就送你三件土物吧!”

“三件土物?”陶侃疑惑不解。

“是的。”湛氏拿出一个事先准备好了的包袱递给陶侃说，“带上它吧！到时你自会明白的”。

来到官府上，陶侃打开包袱一看，只见里面包着一坯土块，一只土碗和一块白色土布。他先是一怔，过了一会儿，才慢慢领悟到母亲的用意。原来一坯土块是教儿永记家乡故土；一只土碗，是教儿莫贪图荣华富贵，要保持自家本色；这一块白色土布，更是教儿为官要尽心恤民，廉洁自奉，清清白白，永不忘本。

陶侃做官后，时常牵挂着母亲。有一次，他将公家分的鱼托人带回家孝敬母亲。谁知湛氏却原封不动地将这一坛鱼鲊退了回来，并在信中写道：“你身为做官之人，竟然凭借手中的权力，私自将公家的东西送给我，你这样做不是在孝敬我，反而更增加了我的忧虑和不安呀！”陶侃收到母亲退回的鱼鲊和回信，大为震动，愧疚万分。他决心遵循母亲的教导，清白做人，廉洁为官，勤于政事，多为国家做有益的事。

家风传承

陶侃母亲“截发筵宾”的待人美德，深深铭刻在儿子心上。故陶侃为官以后，始终保持着“恭而好礼”“引接疏远，门无停客”的待人作风。母亲“三件土物”及退鱼的箴告，更深深打动了陶侃的心。“以诚感人者，人亦诚而应。”后来陶侃在仕途上果如湛氏所望，正直为人，清白做官，也成为历代为官者、为学者学习的榜样。

教人求真　学做真人

陶行知（1891—1946），安徽歙县人。近代伟大的教育家、思想家、民主主义战士、爱国者。他毕生追求“捧着一颗心来，不带半根草去”的无私精神，教育子女时也贯彻着“教人求真，学做真人”的教育理论。

陶行知父亲陶位朝为人笃实厚道，性情温和，不善农事，闲时诗书自娱，有一定的古文功底，曾到南京女校做老师。幼年时，在父亲的严格教导下，陶行知熟读唐诗宋词，后来，其作品通俗易懂，诗风淳朴，后成为大众诗人。陶行知有自己对诗文的评价标准，就是：“文章好不好？要问老妈子。老妈子高兴听，可以卖稿子。老妈子听不懂，就算是废纸。废纸哪个要？送给书呆子。”

陶行知青年时赴美留学，入伊利诺伊大学攻读市政学。学成归国后,陶行知亦实施教育救国,办学兴学,开展平民教育、师范教育、乡村教育。他的“千教万教教人求真,千学万学学做真人”名言激励着一代又一代人,这既是父辈家风的传承,也是他教导子女的根本教育理念。

二儿子陶晓光小时候学习成绩不太好,没能获得正规学校的学历证书,这使得他在找工作时遇到了一些困难。对此,陶晓光非常发愁。

1940 年夏天,有朋友介绍陶晓光到一家无线电修理厂工作。听到这个消息后,陶晓光十分开心,赶紧收拾好行囊前往工厂。可是,来到工厂之后,却被厂方要求出示自己的学历证书。陶晓光已经不知道是第几次在学历证书上遇到麻烦了,但是,他真心喜欢这份工作,为了守住这份来之不易的工作,陶晓光绞尽脑汁之后冒出一个歪主意:他给陶行知所在的学校的一位副校长写了封信,请求他给自己“伪造”一份学历证书寄过来。

陶行知当时是学校的一把手,碍于这层关系,副校长很快就制作好了一份“毕业证书”给陶晓光寄了过来。但是证书刚到陶晓光手中,还没来得及高兴,父亲陶行知的急电也到了。

急电中,陶行知用非常严厉的语气斥责陶晓光,并且绝不允许他使用这本假证书,要求他立即将证书寄回学校。

被训斥得羞愧难当的陶晓光刚看完父亲的急电,再次收到父亲的一封手写信,信中父亲告诉他:“我们必须坚持‘宁为真白丁,不做假秀才'的主张。如果你现在的条件不符合工厂的要求,在工厂允许的情况下,我们宁可自己出钱,不拿薪水,也要帮助国家工作,同时这也是个跟各位老工人和专家学习的好机会。如果工厂不允许你留下来,你还可以回来,去金大电机工程学习,好好完善自己。"

陶晓光读完信后十分感动,他很感谢父亲的教导。权衡之后,他最终决定放弃留在无线电厂的机会,回到重庆继续深造。此后,陶晓光把"追求真理做真人"作为自己的座右铭,果然,受用终身。

20世纪80年代,陶晓光等花费大量精力整理出版了陶行知全集,得到了4万多元的稿费,这在当时是一笔巨款。陶晓光和几位兄弟商量,将所有的稿费分两次捐献给了中国陶行知研究会的基金会。同时,还带几位孙子辈写下书面保证,全力支持这次捐献的行动。陶晓光表示:"父亲一直警告我们,做任何事情都不能打着陶行知的名号,凡事都得靠自己。"

家风传承

陶行知先生将自己的一些教育理论运用到自己的子女教育之中,他常常跟子女说的一句话就是"宁做真白丁,不做假秀才",这也成了陶行知家风中一项重要的内容,薪火相传,影响并激励着几代人。今天,随着"信义哥""油条哥""良心秤""傻子粮油"等一批诚实守信模范、好人的涌现,诚信美德一次次给人们心灵以震撼。

信守诺言 损己利人

李嘉诚(1928—),祖籍福建莆田,出生于广东潮州潮安。长江实业集团有限公司董事长,香港开埠后的第三任首富。李嘉诚少年丧父,母亲独立抚养几个孩子成人。后来,李嘉诚事业有成后,他在教子成才上也有独到的见解,两个儿子不仅继承了父业,而且进一步拓展了事业。

李嘉诚少年丧父,全靠母亲抚养成人。母亲出身于书香门第,从小受到良好的文化教育。她和所有善良的潮汕妇女一样,始终相信“善恶必有报应”。

李嘉诚小时候,有一次犯了个错误,但他并不想让母亲知道,于是在母亲面前撒了谎。因为心里有愧,小嘉诚神色惊慌,一下子就被母亲看了出来。他只好一五一十地把自己犯的错误讲了出来。一向和颜悦色的母亲突然变得非常严厉,她把小嘉诚拉到身旁,在他的屁股上重重地打了几巴掌,严厉地问道:“你以后还敢不敢撒谎骗人了?如果再犯,我就打得更重。”小嘉诚抽泣着回答说下次再也不敢撒谎了。

这一幕使得李嘉诚一直都对自己的言行加以管束,并以诚实作为立世之本。

1957年岁末,长江塑胶厂改名为长江工业有限公司,重点生产塑胶花,他利用从意大利学来的生产技术,提高了塑胶花的品质,一时间生意火爆,红遍大江南北。由于产品供不应求,出现了降低产品质量来应付订单的情况。结果许多客户对低质量的产品提出了退货的要求。银行追债,客户追款,公司顿时陷入困境,濒临破产。

面对困境,母亲叫来李嘉诚,讲了个老家丌元寺住持元寂选接班人的故事。有一天,元寂把那两个候选徒弟都叫到跟前,说:“我现在给你俩每人一袋稻谷,明年秋天以谷为答卷,谁收获的谷子多,谁就是我的接班人。”第二年秋天到了,一寂挑来满满的一担谷子,但二寂只是两手空空地归来了,元寂却当众宣布二寂为接班人。李嘉诚感到很纳闷,母亲说出了缘由:原来,元寂给两位徒弟的谷子都是用滚水煮熟的。显然,二寂是诚实的,理应由他来当住持。母亲接着意味深长地说:“经商如同做人。诚信当头,则无危而不克。”

李嘉诚听罢母亲的话,深有感触,一直牢记心中。不久,他用诚信打动了银行、供货商和员工,并得到大家的大力支持,企业形势因之好转,危机变成了商机,李嘉诚从此在商界站稳了脚跟。

李嘉诚对两个儿子李泽钜和李泽楷的教育抓得很早。他非常注重培养孩子独立生活的能力,希望儿子依靠自己的努力来学习今后立足于社会的本领。他要求儿子生活上克勤克俭,不求奢华;事业上注重名誉,信守诺言。他特别教导儿子要时刻考虑对方的利益,不要占任何人的便宜。

两兄弟八九岁时,李嘉诚就安排他们参加董事会,让孩子们列席旁听,并让他们就某些问题来发表自己的见解。有一次,李嘉诚主持董事会讨论公司应拿多少股份的问题,他说:“我们公司拿10%的股份是公正的,拿11%也可以,但是我主张只拿9%的股份。”董事们有的赞成,有的反对,争论不休。这时李泽钜站在椅子上说:“爸爸,我反对您的意见,我认为应拿11%的股份,能多赚钱啊!”弟弟李泽楷也急忙说:“对,只有傻瓜才拿9%的股份呢!”“哈哈!”李嘉诚和同事们忍俊不禁。李嘉诚说:“孩子,这经商之道学问深着呢!不是1+1那么简单,你想拿11%发大财反而发不了,你只拿9%,财源才能滚滚而来。”

李嘉诚的决策是英明的。公司虽然只拿了9%的股份,但生意兴隆,财源广进。通过参加董事会,两个儿子学会了父亲以诚信取胜的生意经,与此同时,他们分析问题和解决问题的能力也得到了提高,为今后在事业上的成功奠定了坚实的基础。

正是有了母亲小时候严厉的管教和事业上的点拨，才有了李嘉诚日后的成就。等到他自己教育孩子时，李嘉诚让孩子从小在商战中掌握做人的道理，这是给孩子的最大财富。一旦孩子拥有了这一份珍贵财富，他的学习、工作、生活以及事业就后继有人，而且将来可以放心地把庞大的财产托付给孩子，家族的荣耀和企业的辉煌也可以继续下去。

《袁氏世范·处己》

袁　采

言忠信，行笃敬，乃圣人教人取重于乡曲之术。盖财物交加，不损人而益己，患难之际，不妨人而利己，所谓忠也。不所许诺，纤毫必偿。有所期约，时刻不易，所谓信也。处事近厚，处心诚实，所谓笃也。礼貌卑下，言辞谦恭，所谓敬也。若能行此，非惟取重于乡曲，则亦无入而不自得。

译文：言论讲究忠信，行动奉行笃敬，这种原则是圣人教导人们博取乡邻敬重的诀窍。涉及财物分配时，不损害他人来让自己得利；遇到危难的时候，不妨害他人来保全自己，就叫作忠。对别人许下的诺言，再琐细的事也要兑现；与他人约定的时间，一时半刻也不能改变，就叫作信。待人接物热情厚道，内心诚实敦厚，就叫作笃。礼貌谨慎，言辞谦逊，就叫作敬。如果能够言忠信，行笃敬，不仅能得到乡亲的敬重，而且干任何事都能顺利。

做老实人 说老实话

彭德怀(1898—1974),湖南湘潭人。中华人民共和国开国元勋、元帅,中国人民解放军著名将领。他一生坦荡无畏,求真务实。他没有亲生子女,新中国成立后,他把两个烈士弟弟的孩子接到北京,供他们上学、一起生活。耳濡目染,元帅的诚信朴实的品德也深深影响着他们。

新中国成立后,彭德怀担任了很多重要的职位,并被授予元帅军衔,但他始终不忘自己为人民服务的理想,坚持做人民的儿子,时刻为百姓着想。

1958年,全国农村开展人民公社化运动,很多地方受到“浮夸风”的不良影响,一些领导干部大放“卫星”,虚报粮食产量,有的甚至报了亩产数万斤,大家都在比赛吹牛,好像就真可以吹丰收。一时间,农业“吹牛皮”的影响力远超农业科学。对此,彭德怀忧心忡忡。

为搞清楚真实情况,彭德怀向党中央申请回湖南做调研,打算针对农业收成情况进行调查。返乡后的一天,一位县委书记告诉彭德怀:“我们这里的粮食每亩最多达到800斤。”

彭德怀是农民的儿子,平时也经常同农民、农业专家打交道,他知道这位县委书记说了实话,所以表扬了他,并夸他是说实话的好干部。后来,彭德怀来到自己的故乡——湖南湘潭乌石公社。在这里,他看到了一幅幅悲惨的画面:田地里空无一人,稻谷被撒得遍地都是,大片红薯烂在地里无人收割……这让他痛心极了。

这时一位当地的大队干部跑过来向彭德怀报喜:“大队粮食放了个‘卫星’,平均亩产3000斤……”

彭德怀一边听着这位干部的“报喜”,一边观察周围群众的表情。等他一说完,彭德怀转头问大家:“我真的没想到家乡的粮食产量能翻几番,可是,真有亩产3000斤的‘卫星’么?”

大家哄然一笑,有的干脆摇摇头。彭德怀转向那位干部,严厉地说:“你别瞎吹了,我刚从田地过来,你们的禾苗插的是板板寸,一兜禾只有拇指粗。这种粮食能打3000斤么?我看有个300斤就不错了!”

接着,彭德怀跟大家算了一笔账:如果按照亩产3000斤,除掉种子、公粮等,每个社员的平均口粮应该是1000多斤。

说完,彭德怀又质问“报喜”的干部:“你带我去仓库看看,看有没有这么多粮食?”

那个干部被问得哑口无言,一脸窘相。彭德怀走过去,把他拉到一边说:“我们共产党人靠实事求是吃饭,可不能弄虚作假,粮食产量要提高,但不是靠吹牛上去的,强迫命令搞不得,群众会造反的。”

当晚,彭德怀奋笔疾书,写下了《故乡行》:“谷撒地,薯叶枯。青壮炼铁去,收禾童与姑。来年日子怎么过?我为人民鼓与呼!”

第二年,彭德怀因说真话受到了错误的批判,并且被罢了官,搬出中南海,住到吴家花园。在那里,彭德怀亲自开荒种菜,挖塘养鱼种藕,把一个残墙断壁、草木凋零的荒园,改变成了真正的花园。侄女梅魁看到伯父年纪大了,劳动有些吃力,便常来看望他。

有一天,彭德怀带着侄女梅魁走到院子的墙跟前,指着墙外的一棵树问她:“梅魁,你看这树为什么没有叶子?”

梅魁知道是因为自然灾害,老乡生活困难,把树叶打下来吃了。可是,又不知道怎样回答才好,只好望着伯伯,不开口。走了几步,彭德怀又问:“你们厂里有没有人得浮肿病?”梅魁说:“没有。”

其实,她撒了一个谎,并没有按照实情说。彭德怀又带她到自己的茄子地里,指着茄棵对她说:“茄子不开虚花,小孩不讲假话。”然后又用手指着自己的前额说:“我这个老头子就像小孩子一样不说假话。我要实事求是,坚持真理。梅魁啊,我希望你长大以后,不要追求名利,趋炎附势,搞那些吹牛拍马、投机取巧的事。我们要做老实人,心里要装着人民,时刻想到人民的疾苦啊!”

侄女梅魁听着伯伯这感人肺腑的话语,感动得热泪盈眶。她激动地说:“伯伯,我一定向您学习,不说假话。”

家风传承

彭德怀的言传身教,给后人留下了坦荡无私、清廉简朴的彭门家风。孩子们没有忘记伯伯的谆谆教导,实事求是,努力干好本职工作。今天,在市场经济条件下,诚信已成为一种资源、一种工具、一种生产力,具有真金白银般的价值。我们应该做到:少说假话,多说真话,多做实事。

《胡雪岩家训》

胡雪岩

是“天”“地”“人”,即为:天为先天之智,经商之本;地为后天修为,靠诚信立身;人为仁义,懂取舍,讲究“君子爱财,取之有道”。

译文:所谓天、地、人,也就是:天就是生来就有的智慧,这是经商的根本。地是后天的修养行为,依靠诚信来立足安身。人要仁慈有道义,懂得拿取和放弃,讲求“君子喜欢钱财,用合法的途径来获得”。

《琅琊王氏家训》

夫言行可覆,信之至也;推美引过,德之至也;扬名显亲,孝之至也;兄弟怡怡,宗族欣欣,悌之至也;临财莫过乎让。此五者,立身之本。

译文:言行能一致,是信的极点;把美名推让给别人而自己承担过失,是德的极点;传播好名声使亲人显赫,是孝的极点;兄弟和乐,宗族欢欣,是悌的极点;在财物面前没有比谦让更好的了。这五条,是立身的根本。

六 孝亲敬长

孝亲敬长是家庭美德,也是中华民族的一项传统美德。无数事实已经证明,一个人只有心存对父母的孝心,对兄弟姐妹的爱心,才会有对祖国的忠心和对人民的热爱。孟子曰:“老吾老,以及人之老;幼吾幼,以及人之幼。”我们不仅要孝敬自己的父母,还应该尊敬别的老人,爱护年幼的孩子,在全社会形成尊老爱幼的淳厚民风,这是时代赋予我们的责任。

从古代仁厚爱人、谆谆教子的马援,牢记家训、不忘母爱的欧阳修,到近代呕心沥血、培育精英的林则徐,再到当代母慈子孝、遵守婚约的茅盾和传承祖训、其乐融融的朱德,无一不是孝亲敬长的典范,其光辉事迹,值得大力弘扬。

孝亲敬长—茅盾

仁厚爱人 谆谆教子

马援（前 14—49），字文渊，东汉扶风茂陵（今陕西兴平东北）人。以军功获封伏波将军，汉代名将。他在《诫兄子严、敦书》中表达了“慎交友、戒妄议”的为人处世法则对国家、社会、个人都具有重要的借鉴作用。

战国时，赵国名将赵奢在阏与（今山西和顺）大破秦军，威震天下，赵惠文王赐奢为“马服君”，赵奢后世子孙遂以马为姓。至马援祖父时，家道已衰微。等到马援这一代时，家里也只同平常人家一样。

马援 12 岁时，父母双亡，由哥哥抚养成人，长兄马况特别爱他，常教导其要自爱、自励。马况去世后，马援守孝一年，期间不曾离开墓地寸步。敬奉寡嫂甚谨，入家门前必敛衣冠。对待别人，他也同样尊重。

马援的孝悌、仁厚声名远扬后,数百户本族人家从各处迁徙来跟从他。封建时代的家庭户型远大于现在,那时候的“户”,可以理解成“家族”,可见追随马援的人数是相当可观的。马援常在聚宴宾客时,酒酣慷慨道:“大丈夫立志,穷当益坚,老当益壮!”

数年间,追随马援的人带来了大量的牲畜、财产,面对这庞大的财富,他又感叹道:“历来经营蓄积财产,贵在能帮助有需要的人,否则不过一守财奴罢了。”于是,他悉散财物赐给亲朋故旧,自己却只穿件羊裘皮裤。此时,正值王莽新朝末年,天下大乱,群雄并起。马援先是依附割据陇西的隗嚣,后见隗嚣难有作为,便投奔宽宏大度的刘秀。他帮助刘秀剿灭隗嚣后,又率军平定西羌、远征交趾、出兵边塞、平乱武陵,为华夏版图的统一,为东汉政权的巩固,立下了赫赫战功。

马援成为大将后,平定叛乱、边事,安抚边陲异族百姓,恢复当地经济生产,功勋卓著。皇帝每有赏赐,辙悉分赐士卒。平定交趾(今越南北部)二征起义后,马援被封为新息侯,食邑三千户,还京师后更是被赐兵车一乘,朝见位次九卿。拜将封侯,荣宠加身。得到封赏后,马援不仅将牛羊全部分发给宾客,而且杀牛置酒,慰劳犒赏军士,他向下属马少游表明其处世态度:士生一世,衣食住行基本够用,忠于国家,孝敬祖先,乡里称赞他是个善良的人,这样就可以了。至于追求多余的东西,是自讨苦吃。马援这番话表明了自己以天下为己任的慷慨大志,又表露了知足常乐、不慕功名的人生态度,这些话让“吏士皆伏称万岁”。

马严、马敦是马援二哥的儿子，由于二哥早逝，以孝悌传家的马援，将这两个侄子带回洛阳抚养，视同己出，严加教诲。长大后，兄弟俩平时喜欢讥议诸人与事，交接游侠，马援深以此为忧，于是在交趾平叛的百忙中，语重心长地写下了传唱千古的《戒兄子严、敦书》，信中他要求两位侄子：慎言语，不妄论，做个“谨敕之士”。他还用身边的事例劝诫他们，交友也须谨慎，做到守恭默，无交私。马援还对当时两位名士龙述和杜保的修养、行为得失进行了例证，辩证地说明不愿子孙效法杜保、愿子孙效法龙述的种种理由。其中，“刻鹄类鹜”“画虎成狗”两个成语已经成了经典，广为人们传诵。

两位侄子读到这封信后深受感动。此后，马严不再痴迷击剑、骑马和射箭，转而专心于典籍，阅读各家著述，并与德才杰出的人物往来，京师长者都非常器重他。受马援家诫的影响，马严固守志节，注重训教后代，其子马融成为东汉著名的经学大师。

家风传承

宽厚仁爱，这四个字说出来容易，要做到却是困难重重的。《尚书·说命中》所言“非知之艰，行之惟艰”，懂得道理不难，实际做起来就难了。马援万里传书，殷切之情，流于言表，肃严之意，沁人肺腑。俗话说：“榜样的力量是无穷的。”但是，能否选择适合的榜样，马援的家书给出了答案，值得后人勉力践行。

牢记家训 不忘母爱

欧阳修(1007—1072),字永叔,号醉翁、六一居士,北宋吉州永丰(今江西永丰县)人。古代著名的政治家、文学家,且在政治上负有盛名。欧阳修的母亲是一个意志坚强的人,她家穷志不穷,靠自己辛勤劳动,将儿子抚养成才。欧阳修牢记家训,成就突出,对母亲始终充满着无限的敬爱。

欧阳修的父亲欧阳观为官清廉,微薄的俸禄难以养活一家人。到他去世时,欧家竟穷到“房无一间,地无一垄”的地步。欧阳修4岁时,父亲便离开了人世,生活重担全部落在母亲郑氏身上。郑氏出生贫苦,却是一位有毅力、有见识的母亲。为了生计,母亲后来不得不带着年幼的欧阳修从庐陵到随州,以便得到在随州做官的小叔子的照顾。

到了上学年龄,欧阳修家买不起纸笔,母亲只好以芦荻作笔,以沙滩作纸,教儿子认字。欧阳修也非常听话,跟着母亲的教导,在地上一笔一画地写字练习,反反复复地练,错了再写,直到写对写工整为止,一丝不苟。这就是史书所记载的"画荻教子"的故事。

随着年龄的增长,欧阳修逐渐懂事了。他很体谅母亲,一边读书,一边尽力分担家务。有一天,欧阳修问母亲:"为何您有那么大的决心和力量来抚养我呢?"

母亲对欧阳修讲起了他的身世和父亲欧阳观为官的事迹。"你父亲不但勤政敬业,而且十分清廉,待人豁达大度,喜欢匡贫济困,又热情好客,常常不顾家庭困难,备酒置菜,招待四方宾客。他担任的推官,俸禄本来就不多,而他手头又没有多余的钱财,但他常说:'不要让钱财拖累后代。'等我嫁到欧阳家的时候,你奶奶已经去世了。可是,你父亲还时常念及你奶奶。他在家尊敬长辈,在外当官时,对公事严肃认真,从不马虎。他白天办公,晚上还要看公文和案件材料,往往熬到深更半夜。对于死刑的材料,总是反复调查、核实。他常说:'人命关天,马虎不得。'后来由于劳累过度,积劳成疾,他知道自己不行了,就对我说:'我不能看孩子长大了,希望你今后把我的话告诉孩子,人不要贪财图利,生活上不要过分追求,要孝敬长辈,要有一颗善良的心。'这是你父亲的遗言,望你好好勉励自己。"欧阳修听到这里,抽泣着向母亲表示:"我一定继承父亲的遗志,做一个品德高尚的人。"

欧阳修长大以后,到东京(今河南开封市)参加进士考试,凭着过人的才华连考三场,都取得第一名。母亲为欧阳修的出众才学感到高兴,但她希望儿子不仅文学成就出众,为人做事也要对得起自己的良心。

郑氏一生勤俭持家。欧阳修身居要职后,收入大增,她还是俭约持家,一点都不想超出生活困难时的用度。她劝告欧阳修:“不要无原则地附和别人。当官难免不被罢黜,得时刻准备着将来患难的日子。”后来,欧阳修因积极支持范仲淹维持新法被贬职,他怕母亲不适应,而郑氏却反而宽慰欧阳修说:“我们家本来就贫困,穷日子我早就过惯了,只要儿子你能适应,我就适应。”母亲这些语重心长的教诲,深深地印在欧阳修脑海里。远离家乡的时候,他常常想起母亲的教诲,向母亲写家书,汇报自己的辛苦与成功,抒发自己对母亲的拳拳爱语。每当自己得到了什么好物件,都想着寄一份给母亲。他把母亲的教诲深深镌刻在心,行为处事时时检验自己。

欧阳修为官秉正,始终孝敬为自己备尝艰辛的母亲。后来,母亲以 73 岁的高龄病逝于南京(今河南商丘),欧阳修依照母亲的遗愿千里迢迢将母亲遗体运送回故乡安葬。

“画荻教子”成为美谈，母亲的训诫，很简单，很质朴，但都是实实在在的道理，这些道理一生受用。欧阳修是名士，亦是母亲的儿子，事实上他对待母亲同样很孝顺。或许母亲学识不如他，或许母亲社会地位不如他，但是这并不妨碍他对母亲的尊重。孝亲敬长，不忘初心，一颗孝心，也可醉了夕阳。慈乌反哺，我们应该永存一颗孝亲敬长的初心。

《家诫》

欧阳修

玉不琢，不成器；人不学，不知道。然玉之为物，有不变之常德，虽不琢以为器，而犹不害为玉也；人之性因物则迁，不学，则舍君子而为小人，可不念哉？付奕。

译文：玉石不经雕琢，就不能制作成器物；人不通过学习，就不懂得道理。然而，玉石这种东西，有比较稳固的特性，即使不能为器物，也不失为玉；可是人的本性，会随着外界事物的影响而发生变化，如果不学习，就不能成为君子而会成为小人，这能不令我们时时思虑警惕吗？给二子欧阳奕。

呕心沥血 培育精英

林则徐(1785—1850),字元抚,福建侯官(今福州市)人。近代著名的政治家、思想家和诗人。父母的教诲以及林家忠孝、仁爱、勤俭的家风,使他形成了清正廉洁、勤奋严谨、亲民爱民的从政作风。林则徐不仅身体力行、严于律己,更是将其优良家风传给子孙后代,影响和培育了一代代杰出的林家后人。

林则徐生长在一户贫困的塾师家庭。父亲林宾日是个穷秀才,母亲是福建名儒陈时庵的第五女,知书达理,为人贤惠,颇有见识。父母共生养10个子女,长子鸣鹤不幸早逝,林则徐是次子,也是父母唯一的儿子。

虽然父亲以教书为生,但微薄的收入,加上人口众多,全家生活难以维持。因此,母亲与林则徐的姐妹们不得不长年从事女红、剪扎之类的手工劳动。古人云:“艰难困苦,玉汝于成。”母亲和姐妹们在困苦中勤奋劳作的奋斗精神,加之自身受到的苦难磨炼,成了林则徐人生的第一课,也是他从家庭教育中获得的第一笔精神财富,这为他今后养成吃苦耐劳、自强自立的好习惯奠定了坚实的基础。

父亲重视对子女的教育,经常根据孩子的心理特点,讲些有趣的故事。林则徐小时候机灵聪明,但性子很急,办事毛毛糙糙的,经常出些差错。林宾日认为:“从小看大,三岁知老。”如果儿子这样下去,将来办事是要出大错的。林宾日看在眼里,忧在心上,暗暗盘算着怎样帮助儿子改掉这个毛病。

有一天,父亲把林则徐叫到跟前,给他讲了一个“急性判官”的故事。从前有个判官,非常孝敬父母,每当遇到不孝的犯人,就要特别重判。有一天,两个彪形大汉扭来一个年轻人,控告他是个不孝之子,时常打骂自己的母亲。判官一听,顿时火冒三丈,大声喝道:“来人呀,先给我结结实实地打他五十大板!”这个年轻人还没来得及申辩,就被打得皮开肉绽。正在这时,一个老太婆拄着拐杖闯上堂来,哭哭啼啼地说:“请大人救救我们吧!刚才有两个强盗溜进我家偷牛,被我儿子发现,想把他们扭送官府,不料,反被强盗捆走了。”判官恍然大悟,方知冤枉了老太婆的儿子。他急忙叫人去找那两个彪形大汉,但是,他们已经逃之夭夭了。

父亲讲的故事深深印在林则徐的脑海里,鞭策他努力改掉性情急躁、容易发怒的毛病。林则徐当官后,还在书房醒目处挂上亲笔书写的“制怒”的横匾，以此时时提醒自己。

林则徐有一条家训是：兄弟不和，交友无益。虽然没有弟兄，但林则徐同几个姐妹们的情谊深厚。六妹林蕙芳嫁到沈家后，生下的儿子名叫沈葆桢，后来成为林则徐的女婿，他对这个外甥兼女婿的教育也是尽心尽力。

沈葆桢11岁那年，父亲中了举人。赴京应礼部试时，父亲便把儿子带到南京。此时林则徐正在那里担任江宁布政使，沈葆桢的父亲便把儿子留在南京舅舅家。有一天，沈葆桢作《咏月诗》，得妙句“一钩已足明天下，何必清辉满十分”，颇为自得。林则徐也欣赏这两句诗，但他品咂再三，总觉得诗境受到了局限，美中不足，于是他提笔改“必”字为“况”字，变为“一钩已足明天下，何况清辉满十分”。沈葆桢的诗托月言志，未免自视清高，气量偏狭。经林则徐改易一字后，诗境顿显开阔，意味也更加深长了。中国读书人重诗教，因为诗可以言志，林则徐便借机教导沈葆桢胸怀四海，兼济天下。

通过这段时间的观察，林则徐看好这个外甥。第二年，他将自己最疼爱的二女儿林普晴许配给沈葆桢。姑表亲通婚，在当时是亲上加亲的大喜事。后来，沈葆桢果真没有辜负林则徐的厚望，成为大清王朝的船政大臣兼通商大臣、两江总督，兼管台湾，为保卫和开发台湾做出了重要贡献。

少年时代艰难的家庭生活,激发了林则徐奋发向上的精神。为官后,林则徐践行了父母的教导:清正、耿直。同时他重情重义,将外甥兼女婿沈葆桢教导成一代名臣的故事,成为晚清政坛上一段佳话。

《林则徐家训》

林则徐

父母不孝,奉神无益;兄弟不和,交友无益;存心不正,风水无益;行止不端,读书无益;心高气傲,博学无益;做事乖张,聪明无益;时运不济,妄求无益;妄取人财,布施无益;不惜元气,医药无益;淫恶肆欲,阴骘无益。

译文:如果不孝顺父母,无论你对神多么虔诚,多么敬仰,也是没有益处的;兄弟姐妹倘若不能与之和睦交好,何必言友;若心术不正,风水再好也没有用;如若读了满腹圣贤之书,但依然行为不正,可谓读书无益,枉然读尽天下古今之书;若以读书为装点门面,以博学为夸耀之本,心高气傲、不可一世,学问再高也没有用;为人处世不讲情理,偏执、不驯服,如果为人不善,居心不良,聪明也没有什么好处;客观条件还不成熟,妄想求取,没有什么益处;巧取豪夺他人钱物,先饱私囊后,再来施舍,博取善名也没什么益处;若纵欲而行,伤身伤元气,虽灵芝妙药,服用也没有益处;生活放纵奢侈,荒淫无度,虽然屡屡行善积阴德,也枉然无益。

母慈子孝 遵守婚约

茅盾(1896—1981),原名沈德鸿,字雁冰,笔名茅盾等,浙江桐乡市人。现代著名作家、文学评论家、文化活动家以及社会活动家。茅盾成功的人生和高贵的品格,都得益于父母的教育引导。童年时,父母的良好教育为他的人生奠定了坚实的基础,终成一代文豪。同时,茅盾也是位孝子,尊重母亲的意见,组建自己的家庭。

茅盾的母亲陈爱珠,是清代名医陈我如的女儿,出阁前就受到了良好的家庭教育。她通晓文史,爱读小说,性情温良而刚强,思想开明而有远见。父亲沈永锡勤奋好学,16 岁就中了秀才,思想非常先进,喜欢新科技、新思想,也喜欢用西学来教育儿女。

茅盾 4 岁那年,父母不想让他进家塾背诵那些呆板的经书,于是决定自己来教儿子。他们挑选了《字课图识》《天文歌略》《地理歌略》等书为教材,还根据《史鉴节要》用文言编成一节一节的歌诀作为历史读本,由茅盾母亲施教。每当母亲讲历史故事或中国古典小说时,茅盾都听得津津有味。小时候,茅盾酷爱看小说,父亲不但不阻挠,反而鼓励儿子尝试写作,沈永锡病重时还将自己多年收藏的书籍刊物悉数交给茅盾,鼓励他继续努力。同时,母亲开明、通达、关心国家大事的思想也深深浸润着茅盾幼小的心灵。

父亲病逝时,茅盾才10岁,弟弟6岁。母亲便独自担负起抚育两个孩子的重任。家里的人都希望茅盾读师范,这样就能早点补贴家用,母亲也就没有那么辛苦了。但是,茅盾的母亲顶着来自家庭的压力,毅然把他送到了湖州去读中学。

中学毕业后,茅盾报考了北京大学。他自己心仪文科类专业,但父亲的遗嘱是希望两个儿子报考理工科,在父亲看来,当下国家的振兴发展需要大批的理工科人才,倘若亡国,也可凭一技之长到国外谋生。他思前想后,心里十分矛盾,最后鼓足勇气,还是把报考文科的想法如实地告诉了母亲。

陈爱珠听后,告诉儿子说:“不论学理学文,初衷都是报效国家,从这点上看,你并不违背你父亲的遗愿。我支持你学文科。”得到母亲的支持,茅盾踏上了学习文科的道路,这无疑为将来文坛巨匠的成长打下了坚实的基础。

在母亲的支持下,茅盾一直接受最好的教育。他也一直勤奋读书,常常到了深夜,仍然在奋笔疾书,算作对母亲最好的报答。他常常将自己写的文章念给母亲听,为母亲带来精神慰藉。后来茅盾来到上海工作，也常常写信给母亲以慰乡愁。

茅盾生活的年代盛行早婚的风俗。茅盾的祖父很早就为他订了亲，由于祖父、父亲早过世，家里没人做主，这门亲事让茅盾母亲大伤脑筋，考虑到不识字的媳妇与儿子太不相称，担心给儿子带来苦恼；退婚吧！既怕女方不肯，又怕言而无信。

此时，茅盾在上海商务印书馆工作了大半年，已全心投入到工作中，他认为妻子是否识字并不重要，况且结婚之后可以去学校学习，也可以让母亲教她识字。他不愿意为母亲增加烦恼，主动找母亲谈话："我对这些事不太在乎，对于这件婚事不会反对，况且若是母亲能教她读书认字，不也是乐事一桩吗？"

母亲欣慰茅盾的孝顺，第二年，母亲就为茅盾和曾经订过亲的孔德沚办了婚事。结婚后，茅盾很少让母亲担心，他专心事业，孔德沚则全力料理家事，一家人相处得非常融洽。

家风传承

都说母子连心，但在当今社会中我们随处可见母子之间爆发冲突，母子能够互相理解，在很多人看来是遥不可及的，但是茅盾母子实现了。茅盾孝顺母亲，对家中的长辈也十分尊重，这是他孝德之心的体现。浓浓的亲情是家庭的黏合剂，它能使一个家庭有着强大的生命力、凝聚力和影响力。

传承祖训　其乐融融

朱德(1886—1976),字玉阶,原名朱代珍,曾用名朱建德,四川仪陇人。当代伟大的马克思主义者,无产阶级革命家、政治家、军事家,中国人民解放军的主要缔造者之一,中华人民共和国的开国元勋、元帅。朱德出生在农民家庭,从小养成勤劳善良的习惯,尤其是母亲对他的影响最大。后来,他又严格要求子女,将良好的家风继续传承。

朱德的祖先都是憨厚、勤劳、朴实的农民,祖父是一个中国标本式的农民,到七八十岁还亲自参加农业生产活动,据说他不耕田就会生病,临死前还在地里劳动;祖母是家庭的组织者,把十几口人的家庭管理得井井有条。日子虽然过得清贫,但全家和和顺顺,尊老爱幼,深受当地群众的称赞和尊敬。朱德的父母禀性和厚,为人老实,侍亲孝,持家勤,每天都起早贪黑地干活。佃农家庭的生活是艰苦的,由于地主残酷的剥削,尽管一家人辛勤劳作,但仍然过着吃不饱、穿不暖的生活。少年时代的生活经历和《朱子家训》的引导,让朱德从小养成了勤俭廉洁的好习惯,一生都保持着艰苦朴素、勤俭节约、吃苦耐劳的优良传统。

朱德受到良好的家庭熏陶,对他影响最大的是母亲钟氏。他曾深情地撰文追忆自己的母亲:"母亲这样整日劳碌着。我到四五岁时就很自然地在旁边帮她的忙,到八九岁时就不但能挑能背,还会种地了。""我们用桐子榨油来点灯,吃的是豌豆饭、菜饭、红薯饭、杂粮饭,把菜籽榨出的油放在饭里做调料,这类地主富人家看也不看的饭食,母亲却能做得使一家人吃起来有滋味。""母亲最大的特点是一生不曾脱离过劳动。母亲生我前一分钟还在灶上煮饭。虽到老年,仍然热爱生产。"母亲的言传身教使朱德从小养成了勤劳的好习惯。一生俭朴、热爱劳动的精神品质是钟氏为朱德留下的最宝贵的财富。

民国初年,朱德驻防泸州时,曾把父母接去一同生活了数年,以尽自己的一份孝心。抗日战争爆发后,身为国民革命军第八路军总司令的朱德因支援国家抗日竟然身无分文,连寄钱尽孝、救济困窘中的母亲的能力都没有,他只能悄悄地写信向在四川泸州的好友戴与龄求助。

当得知母亲去世的消息时,朱德万分悲痛:"我用什么方法来报答母亲的深恩呢?我将继续尽忠于我们的民族和人民,尽忠于我们的民族和人民的希望——中国共产党。"他把对生身母亲的爱,升华成对祖国母亲的爱,这就是对国家的孝。

新中国成立后，为了让儿女们更多地把精力投入到工作中，朱德将孙子、外孙接到身边抚养。为了报答家乡亲人当年支持他读书和革命的恩情，他把老家亲属的孩子接到身边抚养，视同己出，目的是为这些孩子提供一个好的学习环境，把他们培养成对国家、社会有用的人才。这十几个孩子的到来，也使朱德家成了一个其乐融融的大家庭。

在几十年的革命历程中，朱德始终重视家庭教育，并逐渐形成了较为系统的家庭教育思想。他曾对子孙们说："如果一个革命的家庭连自己的后代都管不好，那怎么能教育广大人民群众呢？"朱德以一个无产阶级革命家的博大胸怀来对待子女的培养和教育。他虽然整天专注于党和国家的大事，但从来不放松对子孙们的教育，时刻关心着他们的成长。1975 年 3 月 6 日，朱德写下了"革命到底"四个大字。朱德夫人康克清说："这四个大字，既是对他自己为了中国人民的革命事业鞠躬尽瘁、死而后已的一生的总结，也是对我们全家的期望。"

家风传承

朱德勤劳、耿直，孝亲敬长一直是许许多多年轻人的榜样。他深情回顾自己母亲的文章——《回忆我的母亲》，被选入中学课本，使得无数人为他的母亲洒下热泪。莎士比亚说过"母爱胜于万爱"，母爱如水，同样地，我们也深深感受到朱德同志对母亲的丰富、细腻的爱。朴实，深情，他对家人的爱如大地一样沉厚。孝亲敬长不必说，更难得的是他对祖国、对人民的一片赤子之心。

《帝范》

李世民

朕每亲临庶政,岂敢惮于焦劳!汝等勿鄙人短,勿恃己长,乃可永久富贵,以保终吉。先贤有言:逆吾者是吾师,顺吾者是吾贼。不可不察也。

译文:我经常亲自处理各种繁杂的政务,怎么敢因过于辛劳而推辞呢!你们不要讥笑别人的短处,也不要因为自己比别人强就妄自尊大,只有这样才能永久享有富贵,确保一生吉祥顺利。先贤曾说过:敢于触犯我的人是我的老师,一味顺从我的人是我的仇敌。这句话不可不仔细体会啊!

七 谦和礼让

大智者必谦和，大善者必宽容。谦和礼让是中华民族的优良品德，是中华民族作为礼仪之邦的一个重要见证，流淌于中华民族的血液之中，代代相传。“谦”指对己而言，自己不自满，“和”是对人而言，发自内心地尊重他人。在汉语词典里，谦和的本意为“一心向善，心如止水的境界”。“礼让”是谦和的外部表现。君子以厚德载物，谦和礼让，不仅是一种品德的修养，也是一种智者的行为，作为家风传承，更是让家族、国人受益无穷。

《大学》中有句话叫“一家仁，一国兴仁；一家让，一国兴让”。两千年前孔子深受“礼”的熏陶，后来他将“礼”发扬光大；清代桐城张家，更是形成了“君子之风”。到了近代，沈钧儒石头教子、依法治家；漫画家丰子恺要求子女礼貌待人。当代文豪傅雷更是倡导做人第一、文明至上。

六尺巷——张英

悉心教导　点拨成长

孔子（前551—前479），名丘，字仲尼，鲁国陬邑（今山东曲阜东南）人。古代著名的思想家、教育家、政治家，儒家创始人。孔母颜征在孔子幼年教育及成长过程中起着很大的作用，成就了孔子的伟大成就。后来，孔子对儿子孔鲤做了对诗、礼重要性的阐述，让孩子受益匪浅。

孔子母亲颜氏饱学诗书，有丰富的学识和修养。孔子3岁时，父亲去世，母子在家中便失去了依靠。大家庭中关系复杂，矛盾甚多，这对孔子的成长与教育不利。于是颜氏便带着儿子离开夫家，前去鲁都（今山东曲阜）。颜氏娘家是鲁都的大姓，大家对于这位丈夫早死的本族姑娘是会照顾的，而且鲁都是鲁国政治、经济、文化的中心，典籍丰富，名师众多，让孔子日后成长能有个良好的学习环境。

颜氏深谙学习的最好导师是兴趣。由于孔子住的地方与宗府相离不远，所以每到祭礼的时候，母亲都会想办法让儿子前往观看。因此，孔子自小就对祭礼烂熟于心。受此影响，他常常利用一切可利用之物来模仿祭礼场景，还模仿着上香、献爵、祭酒、行礼、读祝等。颜氏还让儿子学习周朝的各种礼仪，以便将来从政治国，辅佐明君。其实，小小年纪的孩子，很少会主动喜欢祭礼这种枯燥无味的活动，这主要是母亲让他经常观察贵族习礼的活动，培养他从事这种活动的兴趣，才使他耳濡目染，养成这种习惯。

因颜氏家族与鲁国国君是同宗关系，孔子以贵族子弟的身份，在学堂里受到贵族式教育。然而入学却并不容易，颜氏变卖了所有家产及首饰，后来又花掉所有积蓄送儿子上学，不仅如此，她还利用一切机会，带领儿子见名人，增长见识。所有这些努力都为孔子成为大学问家、“圣人”打下了良好的基础。

孔子有了儿子孔鲤后，也是悉心教导，并让他儿子跟弟子们一起学习。有一天，弟子陈亢好奇地问孔鲤：“你在老师那儿受到过和我们不一样的教导吗?”孔鲤想了想，跟他说了两件事。

一天，孔鲤经过庭院，见父亲独自一个人站在庭中，他恭敬地走过去，孔子问道：“你学了《诗》没有?”

“还没有。”孔鲤回答。“那你应该好好去学，不学《诗》，就不能很好地表达自己的思想。”孔子说。孔鲤听了，就回去学习《诗》。

又有一天，孔鲤又遇到独自一人站在庭中的父亲，孔子问他：

“你学《礼》了吗?”

“还没有。”孔鲤老老实实地回答。“那你回去好好地学《礼》,不学《礼》,就不懂得立身处世的准则。”孔子说。于是,孔鲤又回去认真地学《礼》。

陈亢听了孔鲤的回答,高兴地说:“我问你一件事,却知道了三件事,一是要读《诗》,二是要学《礼》,三是君子对自己儿子的教育并没有什么偏私。”可见,孔子的教育精神是一视同仁的,并且偏重于点拨,让孩子自己体会、领悟道理。

孔子和儿子孔鲤的这番对话被记录在《论语》中,“孔鲤过庭”这一典故,被用来指子女、学生接受家长、老师的教诲;“鲤庭”被用来指代教育的场所,其中引申出来的“庭训”“庭对”,更成为中国古代家训的代称。

孔鲤一生恭谨,他的儿子孔伋即子思在儒家学派的发展史上占有重要地位。孔伋上承孔子中庸之学,下开孟子心性之论,并由此对宋代理学产生了重要的影响。后人尊孔伋为“述圣”,与“复圣”颜回、“宗圣”曾参、“亚圣”孟轲并称。

此后,孔子嫡孙一向以“礼门义路家规矩”相标榜,恪守诗礼传家、忠孝仁义的祖训。孔尚贤是孔子第63世孙,明朝嘉靖年间袭封衍圣公。严嵩父子贪腐案发后,严嵩曾来找孔尚贤,希望孔尚贤能够出面求情。严嵩在孔府门口板凳上坐等了一天,孔尚贤不徇私情,始终不予接见,留下了“冷板凳”的故事。

家风传承

秉承母亲的教诲，依靠自身勤敏好学，孔子终成一代大家。他极力推崇仁、推行礼（上下尊卑之分）。在自己的家教中，他以“读书、学礼”教导儿子孔鲤，堪称家训典范。孔氏一门之所以历代受到人们的敬慕，与其族人家风、家规的教化密不可分。

《诫子书》

诸葛亮

夫君子之行，静以修身，俭以养德。非淡泊无以明志，非宁静无以致远。夫学须静也，才须学也，非学无以广才，非志无以成学。淫慢则不能励精，险躁则不能冶性。

译文：德才兼备的品行，是依靠内心安静、集中精力来修养身心的，是依靠俭朴的作风来培养品德的。不看轻世俗的名利，就不能明确自己的志向，不是身心宁静就不能实现远大的理想。学习必须专心致志，增长才干必须刻苦学习，不努力学习就不能增长才智，不明确志向就不能在学习上获得成就。追求过度享乐和怠惰散漫就不能振奋精神，轻浮暴躁就不能陶冶性情。

百年家族 君子之风

张英(1637—1708),字敦复,号学圃,晚年更号圃翁,安徽桐城人。古代名臣。张廷玉(1672—1755),字衡臣,号砚斋,张英次子。素有"父子双宰相"之称,其优良家风绵泽后世,这一切皆源于祖辈的懿德嘉行、父母的言传身教而形成的"君子之风"。

张英出生于耕读起家的官宦之家。曾祖父曾任陕西左参政,祖父张士维为赠正议大夫、广东按察使,伯父张秉文任山东布政使、赠太常寺卿,族叔张秉贞是崇祯年间的进士,曾任浙江巡抚,后入清廷,升任刑部尚书。

张英的先祖们富有爱心。相传,一个下雪的冬夜,祖父张士维发现有个盗贼藏在自己的屋脊上,已经冻僵了。张士维心生怜悯,就拿来梯子把盗贼扶下来,发现是自家的邻居,就赶紧把他扶进书房,亲自拿来酒食给他吃,边吃边聊,得知对方实在穷,被迫无奈干这种勾当后,他赠送给对方几两银子,悄悄地把人送走了。家人一点也不知道,此事让邻居感激万分。此后,他痛改前非,发迹后,买了一块风水宝地(上好的田地),准备送给张士维,数番推辞不掉后,张士维便花钱把它买下。此后,张家门庭更加显赫。祖父的大爱故事,也深深感动了年幼的张英,他发奋读书,中进士后在翰林院任职,最后官至礼部尚书。父亲张秉彝,在张英初入仕途时,即多次写信告诫他:"祖宗积德,累世以耕读承家,尔惟益自勉励,以无贻前人羞。""敬者德之基,俭者廉之本。"

张英一生廉俭礼让,"终生让路,不失尺寸",德行操守为世楷模。"六尺巷"的故事让他声名远扬。

康熙年间,张英家人仍住在桐城,他的府第与吴宅为邻。有一年,吴家建房子时占据张家的空地,张家不服,双方产生了纠纷,互不相让,于是告到了县衙门。因为张吴两家都是显贵望族,县官左右为难,迟迟不能判决。张英家人见有理难争,就写信向张英告知此事,想让宰相给家中撑腰。张英看完家书后,并不赞成家人为争夺地界而惊动官府的行为,于是便提笔在家书上批诗四句:"一纸书来只为墙,让他三尺又何妨,长城万里今犹在,不见当年秦始皇。"寥寥数语,寓意深长。张家接到书信后,深感愧疚,便毫不迟疑地让出了三尺地基。吴家见状,觉得张家有权有势,却不仗势欺人,被"宰相肚里能撑船"的大度所感动,于是也效仿张家向后退让了三尺地基，便形成一条六尺宽的巷道，被乡里人称为“六尺巷”。

张英夫人姚氏，出身高贵，知书达理，不仅辅佐丈夫，成就了一代贤臣，更悉心教导子女，使六个儿子个个成材，其中二儿子张廷玉更是一代良相，康熙皇帝曾经指着张廷玉告诉别人：“张廷玉兄弟，母教之有素，不独父训也。”可见张夫人的贤惠名声都传到皇帝耳朵里了。张英初为翰林时，官职低微，俸禄也少，家中孩子又多，日子过得紧巴巴的，但姚氏坚决支持张英为官清廉，往往有人想请托张英办事，赠以金钱，张英不受，便送来家中想走夫人路线，姚氏说：“我要收了你的钱，怎么向孩子们解释呢？”来人看着孩子们天真的面庞，只得羞愧而退。一来二去，传播开来，再无人敢上门造访了。

张廷玉早年艰于子嗣，直到42岁，才生了长子张若霭。高龄得子，虽是喜悦，但他对孩子的教育和培养一点儿不敢放松，在他的悉心栽培下，张若霭很快成才，年仅20岁即考中进士，殿试之后，皇帝钦点他为探花，但张廷玉一再推让，移至二甲头名，将原来的二甲头名升为一甲探花。

张若霭本来早已承袭了三等伯的爵位，原可以不必经过考试就直接进入官场，但张廷玉不想他走此捷径，依旧让他参加科举考试，走正常的入职之路。可见，张廷玉秉持古君子修身齐家之道，砥砺磨勘，从不居功自大，而是力图为国家培养有用之才。

张英、张廷玉父子为了传承良好的家风，分别撰写了家训，不仅使其子孙后代受益匪浅，奉为圭臬，同时也为世人所看重。

张英之后，张氏家族科举大张，人才辈出。明清两代近20世，一族共有秀才以上功名者近千人。其中进士26人，举人89人，贡生、国子监生700余人。呈现了“父子宰相”“三世得谥”“六代翰林”的耀眼景象。

家风传承

里谚曰：“让礼一寸，得礼一尺。”一封家书，化解了两家的邻里之争。张英其言其行蕴含着中华传统包容万物、兼收并蓄的博大精神，更体现出为官者德治礼序、崇德重礼的文化精华。曾国藩就对张英撰写的《聪训斋语》家训垂爱有加，甚至亲自为弟、子、侄每人购书一本，让他们随时诵读。

《陆游家训》

陆　游

后生才锐者，最易坏。若有之，父兄当以为忧，不可以为喜也。切须常加简束，令熟读经学，训以宽厚恭谨，勿令与浮薄者游处。如此十许年，志趣自成。不然，其可虑之事，盖非一端。

译文：才思敏捷的孩子，最容易学坏。倘若有这样的情况，父兄辈应当把它看作忧虑的事，不能把它看作可喜的事。一定要经常加以约束和管教，让他们熟读儒家经典，训导他们做人必须宽容、厚道、恭敬、谨慎，不要让他们与轻浮浅薄之人来往。就这样十多年后，他们的志向和情趣会自然养成。不这样的话，那些让人担忧的事情就不会只有一个。

石头教子 依法治家

沈钧儒(1875—1963),字秉甫,号衡山,浙江嘉兴人。近代著名的法学家,民盟创始人之一,新中国第一任最高人民法院院长。沈钧儒在家庭教育中,也制定了严格的家规,监督家人的言行,努力将后代培养成彬彬有礼而又有出息的人。

沈钧儒出生于书香、官宦门第。曾祖父沈濂,曾任清朝刑部主事;祖父沈玮宝,曾任苏州知府;父亲沈翰,为候补知府。沈钧儒从小接受儒家“修身、齐家、治国、平天下”的理想和济世救民的优良传统教育,有着良好的道德修养。1905 年秋,沈钧儒以新科进士身份被清政府派往日本,入东京私立法政大学法政速成科政治部学习政治、法律,从此,开始了他追求“法治”的人生。

从沈钧儒的曾祖父沈濂到其曾孙,沈家上下绵延的七代人都爱石、藏石，堪称世界收藏史上罕见的藏石世家。沈钧儒喜爱石头，就是看重其坚强的品质。他曾将自己的书斋命名为“与石居”，这里一度成了南北爱国志士的聚会场所，更是教育子孙的重要场所。他常常以石头固有的特性，如坚硬纯洁、朴实晶莹等来教育子孙做一个正直、不畏强权的人。他的“与石居”书斋中，从写字台到书橱，都摆着大小、形状、色彩各异的石头。这些石头，有的来自罗盛教烈士的墓地，有的来自列宁秘密集合的拉兹里夫车站旁的草棚，有的来自柏林希特勒“总理府”的废墟……对于这些亲手捡来的每一块石头，沈钧儒都要用卡片仔细记下来源、意义，并向儿女们讲述与石头有关的故事，借此教育子女。

为教育孩子做个正直的人，树立正确的金钱观和人生价值观，抗战期间，有一天，沈钧儒专门给三儿子沈叔羊写了一段话：“凡是着眼于金钱与地位者，结果终归是无聊无意义。反之，着眼于事业与自己能力者，必有结果，惟困苦与忍耐为要！”第二天，他特意带着沈叔羊到西湖旁捡了一块方石。后来，沈钧儒把这块方石与自己所写的这段话作为新年礼物送给了儿子。若干年后，沈叔羊请人将这句话刻在从西湖旁捡来的方石上，并将这段话作为自己的座右铭。

沈钧儒儿女众多，他教导子女之间要相互关爱，年龄大的要谦让小的；年龄小的要尊重大的。时刻告诫他们要懂得换位思考，体谅自己的手足。同时，他还制定出严格、科学、细致的家规。家规中有一条便是要求家中无论老少，每天都要坚持看报，了解时事与国家政策,做到不出门便知天下事。即使是他上小学的孙子,回家后第一件事也是先读报,将报纸上的内容熟记于心后再做作业。沈钧儒认为通过家规帮助家人养成读报的习惯,可以开拓大家的视野,陶冶性情,时刻与党和国家保持高度一致。

此外,日常生活中,沈家有许多细致的规定。吃饭时,家人不能大声说笑,要细嚼慢咽;平时,家中东西要摆放整齐,被子要叠好,不许出现床铺凌乱或东西乱放的现象;晚辈一定要尊重长辈,礼拜天早上要去给长辈请安……严格的家规、家教,培养出沈家人朴实无华、彬彬有礼的品格。孙子沈松曾说:“在我们看来,金钱名利不过是过眼烟云,平平淡淡方得幸福。爷爷的家教和石头的品性,会继续在沈家发扬光大。”

沈钧儒教导子女们要胸襟开阔,着眼大局,不要拘泥小节。他多次给子女讲这样一个故事:有个读书人,很珍爱一件名瓯。一天,仆人失手打碎了,他看也不看一眼就走了。别人问他为什么?他说:“瓯已碎矣,顾之何益。”

沈钧儒的后代中,虽然没有再出过律师,但儿孙辈都在各自的领域取得许多成就,过着平凡的生活。

家风传承

沈钧儒一生对革命事业追求不止，并没有因为忙于工作而疏忽对子女的教育。反而，他利用自己的喜好——石头的品性教育子女做个正直的人，利用自己的法律专长制定适合自己家庭的家规。这种淳朴勤廉的家风影响了沈家人，是沈氏家族繁衍传承的基石，成就了一个非常团结、和睦的大家庭，弘扬了中华民族谦让的美德。

《御览》

颜延之

欲求子孝，必先慈；将责弟悌，务为友。虽孝不待慈，而慈固植孝，悌非期友而友能立悌。夫和之不备或应以不和，犹信不足焉必有不信。

译文：想要儿子孝顺，父母必须慈爱；想要弟弟恭敬，哥哥必须友善。尽管孝顺不一定非得以慈爱为前提，但慈爱确实能够培植孝心；恭敬不一定非得以友善为前提，但友善确实能够树立恭敬之心。自己不和善，别人自然会以不和善来回应，就好比自己缺乏诚信，别人也会以不讲信义来回应一样。

礼貌待人 铭记在心

丰子恺(1898—1975),原名丰润,又名仁、仍,号子觊,后改为子恺,笔名TK,浙江桐乡石门镇人。以中西融合画法创作漫画以及散文而著名。他对子女的爱建立在严格家教的基础上,始终把文明、礼貌教育作为家风中重要组成部分。

丰子恺是著名的漫画家,除了漫画,更为人称道的是他对子女的爱与教育,他的许多漫画作品直接就以自己的子女做描绘的对象,比如《瞻瞻的车》画的是他的长子、《阿宝赤膊》描写的是他的长女,等等。丰子恺尤为注重对子女三个方面的教育,即正直做人,礼貌为人,宽厚待人。

正直做人是丰子恺家教中最为强调的一点。“先器识,后文艺”,丰子恺一直教导子女要先学做人,后方可谈学问、艺术。为人要正直、坦率，绝不可弄虚作假，投机取巧。1932 年冬，缘缘堂最初建成时，监工为了不浪费宅基地，把东墙建成了歪墙，形成斜角。丰子恺发现后坚决不同意。他确信环境支配文化，住在正直的房子里，才能涵养孩子们正直的天性。怎么可以把缘缘堂造成歪曲的形状呢？为此，丰家宁愿拖延几个月，多花费数百元，也要拆了重建。

丰子恺是文化名人，在业内享有崇高的声誉，因此家里经常有客人来访。丰子恺总会借着家中有客人到访的机会向孩子们传授待客之道。每逢家里有客人来的时候，父亲总是耐心地对孩子们说："客人来了，要热情招待，要主动给客人倒茶、添饭，而且一定要双手捧上，不能用一只手。如果用一只手给客人端茶、送饭，就好像是皇上给臣子赏赐，或是像对乞丐布施，又好像是父母给小孩子喝水、吃饭。这是非常不恭敬的。"他还说："要是客人送你们什么礼物，可以收下，但你们接的时候，要躬身双手去接。躬身，表示谢意；双手，表示敬意。"这些教导，都深深地印在孩子们的心里。

有一次，父亲在一家菜馆里宴请一位远道而来的朋友，他把几个十多岁的孩子也带去作陪。孩子们吃饭时，还算有礼貌、守规矩。当孩子们吃完饭后，他们之中就有人嘟囔着想先回家。父亲听到了，也不敢大声制止，就悄悄地告诉他们不能急着回家。事后，丰子恺对孩子们说："我们家请客，我们全家人都是主人，你们几个小孩子也是主人。主人比客人先走,那是对客人不尊敬。就好像嫌人家客人吃得多,这很不好。”孩子们听了,都很懂事地点头。

丰子恺待人宽厚、温和,凡亲近、接触过他的人都深有感受。他对子女和学生有时也很严厉,但这种严厉出于深爱和责任,仍然是宽厚的一种形式。丰家人在待人接物上不仅对朋友、同事宽厚,对工人和保姆也同样宽厚,待若家人。丰子恺常说:“他们离开自己的亲人,牺牲自己的家庭生活,来为我们服务,怎么可以不把他们当作自家人呢!”

20 世纪 70 年代初的一天,与丰家休戚相关、患难与共的女佣何英娥突然中风死在丰家,全家不胜悲痛,像自家人一样为她在殡仪馆举行告别仪式。受这种家风影响,女儿丰一吟待保姆同样十分宽厚,在她家已做了 27 年的女佣小朱,完全成了她们家中的一员,虽薪酬并不是很高,但小朱从未有过离开的念头。

受良好家风影响和家教培养,丰子恺的七个子女,个个都成了有用之才。时今,丰子恺已有第三代、第四代,人丁兴旺,分布于京、沪、苏、杭、香港各地,并有在美国、日本发展的,不乏在各自岗位做出令人瞩目业绩者。如丰子恺外孙,二女儿丰林先的长子宋菲君,已是国际知名光学专家,曾任北京信息光学仪器研究所副所长,常受邀去国外讲学。

家风传承

丰子恺的“正直做人,礼貌为人,宽厚待人”的家训一直在传承着,尤其是他从孩子小时候,就结合日常生活,教育自己的孩子要懂得礼仪礼貌,使得丰氏家族长盛不衰。丰子恺的七个子女,个个都成了有用之才,这与丰家有良好的家风密切相关。

《安乐铭》

苏 洵

入则孝顺父母,出则和睦乡邻。长上有问必答,在座定要抬身。不可虚言戏谑,不可斜侧骄矜。莫呼长上表号,开口就要尊称。饮食先让长者,行路当随后行。

译文:在家就孝顺父母,外出就与乡邻和睦相处。长辈如发问则有问有答,如果长辈来时你正坐着,一定要起身表示尊重。不能用假话来戏弄别人,不能目中无人,骄傲专横,傲慢无礼。不能直呼长辈的表字名号,一开口讲话就要用尊敬的称谓。吃饭时礼让长辈优先,走路时应当跟随在长辈的后面。

做人第一 文明至上

傅雷(1908—1966),字怒安,号怒庵,江苏南汇县(今上海市浦东新区)人,现代著名的翻译家、作家、教育家、美术评论家。傅雷教育孩子的第一原则是做人。傅雷夫妇作为中国父母的典范,一生苦心孤诣,呕心沥血培养两个孩子成才,有《傅雷家书》传世。

傅雷4岁那年,父亲为乡绅陷害入狱,含冤未得昭雪,抑郁而死。母亲虽然不识字,但非常有见识,她带着年幼的傅雷从偏僻的乡村来到当时人称“小上海”的周浦。母亲靠着辛苦打临工,送傅雷去上学、出国留学,傅雷终成一代文豪。

傅雷成名后,家中时常高朋满座,来客大都是社会名流贤达,有高尚的人品素养和深厚的文化修养,他们聚在一起论人生哲理、谈文学艺术。那时,傅雷的两个儿子傅聪和傅敏还年幼,傅雷认为小孩子不懂事,不让他们在家里打扰大人谈话,更不允许他们随便插嘴。但是两个小孩天性好奇,父母越是不让听,小孩就越是想听。有一次,傅雷邀请画家刘海粟到家里做客,客人与傅雷在书房内鉴赏藏画,两位艺术家一番高谈阔论,很是热闹。谈话告一段落,傅雷起身去外间取东西,一打开门居然看到傅聪带着傅敏正偷听得入神。为此,他严厉地训斥了两个儿子一顿。而刘海粟则说,让孩子参与大人谈话,利大于弊。因为,让小孩听大人论事,可以让孩子早一点接触人生,促使孩子早慧。

于是,等孩子们年岁稍长一点,傅雷就允许他们旁听大人的谈话了。同时,他也教给孩子许多待人接物的礼节,两个孩子越来越彬彬有礼了。

傅雷一生对遇到的每一个人都非常尊重,这种谦和与礼貌深深地影响了孩子。

有一年冬天,上海开了一家钢琴馆。此时,大儿子傅聪已经在钢琴方面小有名气,为了让儿子取得更大进步,傅雷便带着他去这家钢琴馆学琴。谁知,由于琴馆所在的地方非常偏僻,加上天降大雨,父子俩一路颠簸,到晚上才找到琴馆。奔波了一天,父子俩又累又饿,安顿好住宿后立即到附近找饭馆吃饭。

由于时候已晚,加上天气寒冷,很多饭店都早早地打烊了,父子俩找了半天,在一个街道的转弯处找到一家还在营业的火锅店。令他们没想到的是,这个火锅店宾客盈门,所有伙计都忙得不可开交。

等候了许久,竟然没人理会他们。

傅聪有些不耐烦了,拍着桌子喊道:“伙计,你们怎么搞的,还不给我们上壶热茶?”

话刚出口,傅雷赶紧说道:“茶壶就在邻桌,我们自己动手就行,不必给别人添乱子。”一边说着,傅雷就站起身来要去提茶壶。

傅聪感到非常不解,拉住父亲的手说:“我们是顾客,是上帝,他们伺候我们是天经地义的,没必要自己动手吧!”

傅雷摇摇头,对儿子说:“你的想法不对,难道就因为我们在这吃了一顿饭,就要人家把我们当上帝伺候吗?其实不然,你想想,今天已经很晚了,天气又冷,附近饭店都关门了,如果他们也关门,我们今晚不知能否找到饭吃?所以,我们应该感谢这里才对。他们这么忙,我们也应当体谅才对。”

听了父亲的一席话,傅聪惭愧不已,主动帮忙把茶水倒好。吃饭时,傅雷再次语重心长地说:“孩子,不管将来你成为怎样的艺术家,都要记得,做人第一,其次才是做艺术家。还有不管你将来的身份怎样、地位怎样,与人相处,都不要站在利益的高度上去俯瞰人性,要学会站在对方的角度思考问题,多给他人一点温情。这不仅仅能体现你对他人的体谅和尊重,更是你有素质的一种表现。”

后来,正是凭借父亲傅雷的教诲,傅聪前往波兰学习,最终功成名就,成为著名的钢琴大师,次子傅敏也成为一名中学英语特级教师。

家风传承

傅雷从多方面帮助儿子塑造良好的人品，他的立身处世的原则就是要做一个高尚的人，他也用这一原则教育两个孩子。对于从事艺术的傅聪，傅雷要求他记住四句话：第一，做人；第二，做艺术家；第三，做音乐家；最后才是钢琴家。这番家教言论对我们今天也有很大借鉴作用。古人言："临事肯替别人想，是第一等学问。"所以我们要首先学会做人。

《书示仲儿》

陈　确

能敬之人，时时见得自己不是；不敬之人，时时见得自己是。故《中庸》言君子，能戒惧而已也；其言小人，无忌惮已也。

译文：能尊敬别人的人，每时每刻看见的都是自己的过失；不尊敬别人的人，每时每刻看到的都是自己的正确。因此，《中庸》说有德行的人，能够对自己时时警惕和敬畏，说道德低下的人，没有顾忌害怕。

八 励志勉学

俗话说:“有志者立长志,无志者常立志。”立志,贵在少年。不论是高瞻远瞩的政治家,还是胸怀韬略的军事家;不论是思维敏捷的思想家,还是智慧超群的科学家,他们之所以能在事业上取得非凡成就,与他们从小的远大抱负是密不可分的。

从古代孟母三迁、断杼教子到严父虎子、深情教诲的戚继光父子,再到近代耕读起家的“晚清第一家族”——李鸿章家族,满门英杰、举世罕见的梁启超的子女们,乃至当代“中国航天之父”和“火箭之王”的钱学森祖孙三代人,他们都用自己的行动诠释着何为励志勉学。

满门英才——梁启超

孟母三迁　断杼教子

孟子（约前372—约前289），名轲，字子舆，战国时期邹国（今山东邹城东南）人，古代著名的思想家、政治家，儒家学派的代表人物之一，被后人誉为“亚圣”，与孔子并称“孔孟”。《三字经》里“昔孟母，择邻处”的故事人人耳熟能详，孟母教子和孔子庭训一样，在中国古代的家训中广为流传。

孟轲的父亲孟激是一位怀才不遇的读书人。为了光耀门楣，他抛妻别幼子，远赴宋国游学求仕。三年后，一心盼望丈夫出人头地的孟母仉氏听到的却是晴天霹雳的噩耗。失去了丈夫的孟母，并没有痛不欲生，她从悲伤中昂起头来，下定决心依靠自己的双手把儿子培养成一个有用的人，完成丈夫的未竟之业。年幼丧父的孟轲全靠母亲纺纱织布艰难度日。

孟家靠近墓园，常有送葬的队伍经过。小孟轲不明白那些人们是在干什么，只是凭着孩子好玩、爱模仿的天性学着大人筑墓、埋棺、哭丧，与小朋友们兴致勃勃地玩起抬棺、埋死人的游戏。孟母见了很是担忧，感到这样下去不利于孩子的成长，决定搬家。

新的住所位于一集市旁，人来人往，热闹非凡。孟母本打算让孟轲接触到更多的人，开阔眼界，学些为人处世的道理。未曾想到小孟轲和新朋友又开始学着商贩叫卖吆喝、讨价还价，玩起做生意的游戏来。孟母唯恐孩子变成见钱眼开、唯利是图的商贩，于是决定再次搬家。

这一次，他们搬到了一所书院旁。这里环境优美，书声琅琅，来往的都是学者和儒生。小孟轲很快和周围的孩子们打成了一片。他们的游戏是模仿书院里的老师摆放祭器、跪拜行礼、揖让进退。孟母见了非常高兴，欣慰地说："这才是孩子应该居住的地方啊！"

等孟轲到了该读书的年纪，孟母让其进入书院，学习六艺经传。孟轲从小就很聪明，知识一学就会，道理一点就通。但是时间一长，他开始骄傲自满，看不起先生教的东西，甚至厌学逃学。有一天，孟轲放学回家，孟母正在纺织，微笑着问他："我儿最近学得如何？"孟轲轻蔑一笑，得意地答道："已经学得够多，不用再学了。"孟母听罢十分生气，但她并没有说什么，而是站起来砍断了织机的机杼。她面色严肃地对孟轲说："你中途废学，就如我砍断机杼，布未织成，之前的一丝一线全都荒废。君子求学是为了成就功名，博学多闻是为了增加智慧。你如今半途而废，只会偏离正道，不修身养德，将来即使不做强盗，也会沦为厮役。"孟轲听罢母亲的训斥，因自己的无知浅薄而让母亲伤心，感到羞愧与懊悔。他明白了学海无涯，前路漫漫，于是继续虚心学习，博览群书，心怀天下，终成一代大儒。

孟母对于家庭一生操劳，尽管孟子已经长大成人，但对孟子的教育和督促从来没有放松过。在齐国，孟子多次向齐宣王阐述自己的政治主张，未果。他非常想去愿意采纳他政治主张的宋国，可是又担心母亲年事已高无人照料。孟母知道儿子的心事后说："因此，女子小时候听命于父母，出嫁后听命于丈夫，丈夫死后听命于儿子。现在你成人了，而我已经老了，你行你的义，我行我的礼。"孟母的一席话把孟子的担忧和犹豫一扫而空，孟子遂离家周游列国，受到了各国的空前欢迎，他的政治主张在许多诸侯国得到顺利推广。

孟母教子的故事为许多母亲树立了榜样；同时，其优良家风也被孟子的后世子孙所继承，孟家出现了许多著名的清官廉吏和文人学者，如东汉今文经学家孟喜、合浦郡太守孟尝、东汉讲部史孟光、"二十四孝"之一的孟宗、唐朝诗人孟浩然等。

家风传承

父母努力地奋斗工作，也是为孩子创造一个更好的学习环境，古代"孟母三迁"为后世做出了榜样。断杼教子，让孟轲幡然大悟，从此勤学苦读，没有辜负母亲的期望，终于成了一位伟大的思想家和教育家。如今，我们要利用好身边或父母创造的环境，努力提升自我，向着更高的目标迈进。

严父虎子 深情教诲

戚继光(1528—1588),字元敬,号南塘。山东蓬莱人(一说祖籍安徽定远,生于山东微山县)。古代抗倭名将,杰出的军事家、书法家、诗人,民族英雄。戚继光的成功与父亲戚景通的教诲密不可分,爱国尚武的家风深深地镌刻在戚继光灵魂深处,从而铸就了其显赫威名。

戚继光的父亲戚景通是明朝开国功臣的后代,世代从军,文武双全,名震四海。戚景通56岁才生下戚继光,因此对他十分疼爱。他希望这个小儿子将来能继承自己的功业,光宗耀祖,就给他起名——戚继光。

老将军晚年得子,虽然对戚继光十分疼爱,但从不溺爱,教子极严,始终将戚继光品格约束在正规之上。戚景通处理事务时,常将小戚继光带在身边,让他从小就接触到很多行军打仗之类的事。通过观察,父亲发现戚继光有军事天赋。每当戚继光跟小伙伴们玩打仗游戏时,他也会悄悄加入,一边陪着孩子们玩,一边寻找机会给孩子们指点战术,并教导他们长大要为国家而战。

习武的同时,戚景通还耐心督促儿子读书,培养他的品格。有一次,他问道:“继光,你的志向是什么?”戚继光回答说:“儿子志在读书。”父亲非常高兴,进一步开导儿子:“读书时要始终记得‘忠、孝、廉、洁’四个字,否则书读得越多反而越坏。”不久,他找人把这四个字刷在墙壁上,让儿子随时都可以看到。

有一次,戚继光问他父亲:“为什么家里的装饰不像别的人家一样富丽堂皇。”老将军严肃地说:“这样的贪慕虚荣,将来我这份产业到你手上怕保不住呢!你再想想,有必要吗?”聪明的戚继光马上明白父亲说的道理。

虎父无犬子。几年后,戚继光成为一名文武双全的青年军官。戚景通临终前把戚继光叫到身旁告诉他:“孩儿呀!为父唯一能给你留下的遗产就是我身边的这部兵书了,这是我一生的心血,我所有的从军经验都在里面了,将来你用它报效国家吧!”

戚继光郑重跪下,双手接过《戚氏兵法》,说:“孩儿一定研读这部兵法,不管将来遇到什么艰难险阻,都不会丢弃父亲的一生心血。”

此后,戚继光立志继承父业,把“不求安饱,笃志读书”和“身先士卒,临敌忘身”作为自己的座右铭,开始了其传奇的一生。

为抗击倭寇,戚继光组建了戚家军,他白天训练军队,晚上潜心研究父亲的兵书。他知道,研究好兵书,报答好国家,解决倭寇之患,这就是对父亲最好的报答。

戚家军以严明的军纪、高水平的训练及强大的战斗力而闻名,戚继光经过苦心钻研后,为这支军队配备了“鸳鸯阵”“三才阵”等精妙阵法,使戚家军成为一支抗击倭寇的王牌部队。在戚继光的率领下,戚家军所向披靡,六年中九战九捷、屡战屡胜和高达十余万的杀敌纪录,使戚家军被誉为“16、17 世纪东亚最强军队”,曾经猖狂一时的倭寇一提到戚家军就会脸色大变,浑身发抖。

每当别人夸奖时,戚继光总是说:“我之所以能抗倭取胜,全靠我父亲在世的谆谆教诲。”“忠诚、正直、骁勇、清廉”的戚景通为戚继光留下了一笔宝贵的精神遗产,最终成就了一代名将的千古英名。

家风传承

戚继光之所以成名将,离不开父亲的谆谆教诲。他继承了父亲的勤俭与正直务实,并为国家解除了倭患,不愧为著名的民族英雄。虎父无犬子,一家两名将,优良的家风就这样一直传承下去。

耕读传家　一门三进士

李鸿章（1823—1901），本名章铜，字渐甫或子黻，号少荃（泉），晚年自号仪叟，别号省心。安徽合肥人。晚清重臣，洋务运动的主要领导人之一。李鸿章先祖最初是个普通的耕读之家，祖父李殿华非常重视子女教育，父亲李文安高中戊戌科进士。随后十年间，李鸿章和大哥李瀚章先后考中进士，李家遂成为“一门两代三进士”的“庐郡望族”。

李鸿章的祖父李殿华是个“五十年不进城”的乡下读书人，家有几十亩地，但科场屡次失意，后来就在家设馆教学生和孩子读书，把希望寄托在儿子们身上。他对李家有两大贡献，一是重视教育，引导儿孙们读书求功名。先是自己在家设馆教学，甚至不惜工本地请来科场高手当家庭教师，助儿子们攻读、备考。长子李文煜考中秀才后也在家开馆收徒教书，对幼弟李文安管教最严，每年从正月初三开学，直至除夕结束。可以说，这种“父教子、兄教弟”的家教遗风,为李氏家族后来的兴旺打下了良好的基础。二是富有同情心,抱回一个正在出天花的女孩,将她抚养成人,并嫁给幼子李文安,这个孩子便是为李家事业增添光彩的李鸿章母亲。

李文安少时多病,天资“中下”,别人家聪明的孩子4岁就开始启蒙了,而李文安到8岁才读书。他早年读书读得很苦,到了13岁,别人都考上秀才了,而他才读完“四书”和“毛诗”。祖父李殿华让他的大儿子李文煜来督阵,专门管着他读书。这个大哥对付小弟也真厉害,每年正月初三就开学,一直要念到大年夜为止,毫不放松。严师出高徒,青出于蓝而胜于蓝,结果李文安中了举而大哥未中,几年后李文安又中了进士,成为李家真正发迹的第一人。

教书之余,李文安十分重视对孩子的思想教育。李鸿章小时候贪玩,尤其热衷斗蛐蛐,时常误了学习。有一次,他甚至因此惹恼了父亲李文安,于是父亲将其拎到自家的地头,让李鸿章跪在那儿,然后问他:“知不知道自家地边上为什么有这么多坟地?”年少的李鸿章哪里明白,于是父亲语重心长地跟他说:“自家没钱没势,买不起好地,只能买些挨着坟头的贫瘠之地。”李鸿章听后颇受震动,暗下决心,努力学习。此后,他废寝忘食,刻苦攻读,18岁便考取了秀才,24岁考中进士,成为当时安徽最年轻的进士。大哥李瀚章少年在家乡边读书边替母亲操劳家务,考取秀才后数次参加乡试未能取得功名,后听从父亲的安排入京拜曾国藩为师。1849年李瀚章获得一次难得的拔贡机会,入京朝考一等,被朝廷赐同进士出身。十余年间父子三人都成了进士，李家遂有“一门三进士”的美誉。

李文安考中进士后在京师刑部任职近20年，清廉正直，方刚厚重，坚持依法断案。虽然他性格耿直，得不到上司的赏识和提拔，但他所秉承的“公直、和睦、勤俭”的家训，对儿孙们产生了深远的影响。

李鸿章的母亲不仅善于耕作，更是“秉性淑慎，相夫教子有方”。由于丈夫忙于读书求功名，子女众多，她克服重重困难，支持丈夫读书、应考；让诸子“发愤读书”，沿着“学而优则仕”的道路走下去。她天生一双大脚，善于田间劳作，脸上留有麻点，人称“麻大田”。后来，丈夫、儿女们纷纷发迹，每遇到他们升迁时，别人总是喜笑颜开，她却不露声色，反而时时持满戒盈。

李鸿章及其弟兄们发迹后，都非常重视教育。下一代子女中，办洋务、搞外交的不少；第三代有人经商，有人出国；到了第四代、第五代大多靠学习，靠自己打拼改变命运，密集地出了许多专业性人才。

家风传承

李鸿章家族号称“晚清第一家族”，依靠耕读起家，“一门三进士”。此后，延续了重视教育的传统，后代人才辈出。可见，诗书传家的家风非常重要。“家庭是圃，孩子是苗。家风如雨点，随风潜入夜，润物细无声，小苗只有在雨露的滋润下，才能健康成长。”好读书的优良家风，应该代代相传。

满门英杰 举世罕见

梁启超(1873—1929),字卓如,号任公,又号饮冰室主人,广东新会(今江门市新会区)人。近代著名的思想家、政治家、教育家、史学家、文学家。梁启超对子女的教育非常成功,十个子女除生下不久即夭折的“小白鼻”外,其余九位都成才,可谓满门英杰、举世罕见。

梁启超自幼受到良好的家庭教育。他很小就跟随祖父读书,祖父勤俭朴实、忠厚仁慈、治家严格,每天除了教授文化知识,还给孙儿讲解古圣贤的嘉言懿行,尤其是宋、明国难之事,这些故事给梁启超以深刻的爱国主义教育。

此外,梁启超还受到了来自母亲的道德教育。母亲茂修内治、淑慎温和,但是当发现6岁的梁启超说谎时,以皮鞭狠挞其十下,且训诫云:“你再敢说谎,以后只能成为盗贼!”

在祖父、母亲的言传身教下，梁启超成长为近代中国的风云人物。他又继承了慈爱、严格的家训，九个子女各有所成，一门锦绣，堪称中国近代家庭教育的一个奇迹。

梁启超关注子女们的每个成长阶段的教育。从早期幼教，到学校教育，到子女出国留学，再到学成归国、就业择业。俗话说："三岁看大，七岁看老。"梁启超尤为关注子女的早期教育，虽然他社会事务繁多，学术与写作压身，但是他总是会挤出时间对子女进行教育，尤其重视对子女的道德教育。在流亡日本期间，每天晚饭后，他必然将孩子们聚集在一起，就像当年祖父一样，给他的孩子们讲宋亡时的爱国英雄故事。"你们应当牢记自己是中国人！"铿锵有力的话，正是梁启超正义的声音。

长女梁思顺出生在新会老家，梁启超亲自教她读书，教她写古诗词，并给她的书房起名"芝蘅馆"，梁思顺由此打下了深厚的古文根底，她编成的《芝蘅馆词选》多次出版，被传颂一时。梁启超寓居天津时，他让思达、思懿、思宁休学一年，聘请清华国学研究院的谢国桢先生为家教老师，使三个孩子的国学、史学、书法功底大增。有时，梁启超亲自为孩子们讲学，谢先生反而和孩子们一起，成了旁听者。当孩子不在身边时，他便写上绵绵的家书，以表关心。现存的几百封家书中，对每一个孩子独特的个性和成长的参差，他都给予及时的关照、指导和训诫，言语真诚、坦率而富有感染力。

长子梁思成专攻建筑学，后成为我国著名的建筑学家。而梁启超在家书中指出他“过于专精”，希望他“兼顾，广博多学人文”，不仅要“猛火熬”，也要“慢火炖”。梁思成由此发展出对音乐和体育的爱好，并有所长。后来梁启超手头不宽裕，且身体也不好，但为了让梁思成与林徽因在欧洲多游历多学习，他想方设法筹措了“专项基金”，免除他们的后顾之忧。从 1923 年起到 1929 年去世之前，他还始终坚持给在海外的 5 个子女写信，帮助他们确定学习方向，指导他们做学问，同时又充分尊重孩子们自己的意愿。

在他的悉心教导下，九个儿女，德才兼备，爱国向上，先后有七位曾到国外求学或工作，他们在国外都接受了高等教育，学贯中西，成为各行各业的专家学者，完全有条件进入西方的上流社会，享受优厚的物质待遇。但是他们无一人留居国外，都学成归国，在各自的领域报效国家，其中三个儿子当选为中国科学院院士。

家风传承

“兼顾，广博的多学人文”“过于专精”……这一句句殷切的指导和希望使得梁家子弟们在那个战火纷飞的年代里，仍然能够刻苦钻研、不断修炼自己，最终都在各自的领域里有所建树。尤其是那句“你们应当牢记自己是中国人”，让世人看到家风传承中爱国的热血从未停止过流淌！梁家的满门英杰源于梁启超良好的家风和独特的家教，让我们看到家风和家教对于一个家族的重要性，良好的家风和家教会改变一个人、兴旺一个家。

永守箴规　自强不息

钱学森(1911—2009),祖籍浙江杭州,生于上海。物理学家、社会活动家,当代中国航天事业的奠基人。自父辈开始重在以身作则,勤奋认真,培养了钱学森诸多优良的品质,薪火相传,也深深地影响着儿子钱永刚的成长。

钱学森的父亲钱均夫,早年就读杭州求是书院,毕业后留学日本,研修教育,归国后在上海成立“劝学堂”,用以施展其“兴教救国”的抱负。1911 年即钱学森出生的那一年,他出任浙江省立第一中学校长。钱学森的母亲章兰娟,为杭州富商之女,清逸温婉,知书识字,记忆力和计算能力超群,颇具数学天资。

钱均夫家教严格,恪守祖训,克勤克俭。同时,他还注重孩子的全面发展,安排钱学森寒假里学画画、学乐器、学书法,使他在学理科的同时拓展艺术素养,丰富了知识。

钱学森的母亲从小受到良好的教育。在钱学森不到上学的年龄时,她就在家中教儿子读书识字,或是背诵唐诗宋词,或是专心讲授加减乘除。她是一位感情丰富、纯朴善良的女性,她周济亲友,热情温和,借给钱粮,并绝口不提归还。走在大街上,别人都对乞讨者不屑一顾,她却可以耐心地停下、微笑并解囊相助。母亲的言传身教,给钱学森带来了深远的影响。

钱学森小时候聪颖过人,活泼好动。针对儿子好动贪玩的特点,父亲让他选了两门课,一门是矿物课,一门是生物课。两门课的地点都在空旷的野外和高高的山上,在那里空气清新,形式都是边走边玩边学,学习的内容是孩子感兴趣的石头、昆虫和植物,这样的形式和内容符合好动的钱学森的性情。父亲给他选修的这两门课,培养了钱学森对未知世界的探索的兴趣,拓宽了他的思路。

24 岁那年,钱学森登上邮轮赴美深造。临别时,父亲送给他一张纸条,上面写着:“人,生当有品:如哲、如仁、如义、如智、如忠、如悌、如教!吾儿此次西行,非其夙志,当青春然而归,灿烂然而返!”他一直将纸条珍藏着。

父母的耳提面命在很大程度上影响了钱学森的品格。当有了子女以后,钱学森很少在口头上提要求,而是自己不断上进,做儿女的表率。有一年夏天,钱学森的儿子钱永刚经过父亲的书房,发现父亲正满头大汗地看书、做新课题研究,那认真的态度令钱永刚惭愧。

钱学森对儿子教育从阅读抓起。钱永刚上小学二年级时，他就安排儿子利用假期阅读刚出版的《十万个为什么》，一天看70页，不明白的问题攒着，等有空时可以问他。每到周末，钱学森都要问儿子有什么疑问，钱永刚赶紧把做了标记的问题提出来，由父亲逐一解答。

钱学森夫妇做学问非常优秀，但对孩子的成绩从不苛求。钱永刚小时候的成绩单并不漂亮，那时是五分制，他总有几个四分。但父母看了，只是笑笑。上初一那年，班主任把钱永刚叫到办公室说："看看你的成绩单，有什么问题吗？"钱永刚看了半天没看出问题。老师说："这就是你的问题，对自己要求不高，像你这样的家庭，应该消灭四分，全拿五分。"

当晚饭桌上，钱永刚跟父亲说起这事，父亲听完，一句话都没说，呵呵一笑，走了。那年期末考试，钱永刚果真全拿五分，他想这次一定会得到父亲的表扬，谁知父亲看后笑着说："以前也不错呀！"

类似的事例还有很多，钱永刚向父亲学习，踏实做学问，生活上保留着注重细节的好习惯。在钱学森的"身教"之下，钱永刚毕业于美国加州理工大学，成为一位知名的专家，长期从事计算机应用软件系统的研制工作。

家风传承

钱氏家族的事例告诉我们：做行动的巨人，说话的矮子。有时候，一个行动比一千遍说教更有力量。青春的路程虽有父母相伴，但终究要自己迈出前进的步伐，去攀登难以想象的高峰。青春的历程虽然艰苦，但跨越群峰后的景色也会异常优美！所以，让我们带着父母的期望大步前行吧！去创造属于自己的灿烂人生！

《家诫》

嵇　康

人无志，非人也。但君子用心，所欲准行，自当。量其善者，必拟议而后动。若志之所之，则口与心誓，守死无二。耻躬不逮，期于必济。

译文：一个人没有志向，就不能算一个真正的人。而作为君子，只要用心，想做的事情都能做成。而一个真正有智慧的人，行动之前一定会想好策略。如果要做的事就是心中最愿意做的事，即与你的志向是相符的，那么你要做到心口合一，坚定不移，宁死也不放弃。在亲自体验的过程中，偶尔会有松懈或力量不够的时候，但若能以之为耻，继续努力奋斗，一段时间后一定会将事情做好。

参考文献

[1]赵忠心.家风正、子孙兴[M].北京:北京理工大学出版社,2015年.

[2]林东等.名人家风家训[M].上海:上海人民美术出版社,2016年.

[3]王立群.家风家训——王立群智解成语[M].郑州:大象出版社,2016年.

[4]荣格格,吉吉编著.中国古代家风家训一百则[M].武汉:武汉大学出版社,2014年.

[5]祁丽珠主编.胜在治家——名人家风故事[M].广州:广东教育出版社,2016年.

[6]姜志勇,孔珍珠.曾国藩家风[M].北京:新华出版社,2016年.

[7]张志君.跟古代名人学家风家教[M].北京:商务印书馆国际有限公司,2015年.

[8]蒙木,苍松编著.中华美德读本[M].北京:新世界出版社,2013年.

[9]甘政权,石庆波.李鸿章家族[M].合肥:安徽文艺出版社,2012年.

后　记

《家风——中华精神的传家宝》终于面世了,从酝酿到编写、问世历时两年。

三年前,当"家风"通过中央电视台的宣传传遍祖国大江南北时,我开始关注它。从那时开始,我便有计划地收集一些素材,购买有关"家风"的书籍。2016 年下半年,安徽人民出版社将该选题申报了安徽省省级文化强省建设专项资金项目,并获得资助。恰好,数年前,与我共同编写、出版过《青少年不可不知的 100 种沟通技巧》一书,正在中央民族大学攻读博士学位的刘西诺学弟主动请缨,在北京帮忙收集资料。通过邮箱、QQ、微信等方式,我们一道商讨编写体例。经过 20 多天的讨论,结合中华美德和社会主义核心价值观的内涵,我们将该书分成精忠爱国、清正廉明、助人为乐、勤劳节俭、诚实守信、孝亲敬长、谦和礼让、励志勉学等八个部分。接下来,按照古代、近代和当代三个时期,分别遴选一些有代表性的人物,前后共找了上百个人物,再逐步缩小范围,最终敲定 40 位有代表性的人物来写其家风故事。

家庭是社会的细胞。良好的家风,必然会形成良好的社会风气,这是民族兴旺发达,国家繁荣昌盛的必要条件。我们中华民族有重视家风的传统,讲究道德,勤俭持家,看重亲情,严于教子。随着社会的发展,应该在新的条件下,继承和发扬这个优良传统。

考虑这是一本适合中学生及其家长阅读、普及性的课外读本,在编写的过程中,我邀请了一些中学生、大学生参与故事的选编和稿件的修改工作,他们是:岳凌宇、高山、王文佳、胡润泽、张挽犁、姚伟康、朱泰歌、程继宇、贾睿欣、张天傲、甘嘉蓓、陈尚庆、胡恺玥等同学,力求所选编的人物、所写的语言风格适合中学生和市民的阅读习惯。

感谢安徽人民出版社总编辑刘哲先生、编辑部主任任济先生、编辑王大丽女士,他们前后数次对该书内容进行认真修改、校对,提出了许多中肯的意见,尤其是在部分空白页处增添一些古代著名的家训名言,丰富了该书的文化内涵。此外,来自合肥寿春中学的美术老师李锋(笔名李小白),牺牲了部分假期,为该书的八个部分配上了精美的插图,提升了该书的档次和品味。

感谢合肥电视台新闻频道的《阅读悦精彩》栏目主任王云路,他邀请我去录制了一档关于“曾国藩家族家风”的访谈节目。2017 年 7 月 28 日,该访谈节目在合肥电视台播出后,收到了良好的社会效果。感谢求索书店总经理王福州,他决定利用其旗下强大的电商平台将该书推向全国。

总之,感谢为本书面世付出辛勤劳动的各位领导、朋友和学生。感谢安徽人民出版社对本书出版工作的大力支持!

甘政权

丁酉秋于安徽合肥